浮想录

陈旭麓 著

上海教育出版社

目 录

浮想录　003　1977 年 7 月
　　　　　005　1978 年
　　　　　012　1979 年
　　　　　018　1980 年
　　　　　025　1981 年
　　　　　028　1982 年
　　　　　035　1983 年
　　　　　041　1984 年
　　　　　050　1985 年
　　　　　071　1986 年
　　　　　093　1987 年
　　　　　109　1988 年

诗　词　131　清明日与同学戴礼谢璞游岳麓山
　　　　　132　黔灵山寺中戏着袈裟摄影
　　　　　132　所里病中
　　　　　133　乌江船上
　　　　　133　次韵钟诵余兄见赠

133	离重庆
134	书斋置菊花一盆晚移檐前
134	船泊奉节
134	船自三峡下泊武汉重游黄鹤楼
135	病中感杂
135	魔影
136	赠李新同志
136	赠研究生
136	游八达岭
137	泛舟西湖
137	扬州之行四首
138	鹊踏枝·中秋之夜寄李新同志
138	悼鸿逵
139	鹧鸪天·1969年去沪郊夏收
139	渔家傲·国庆二十周年
139	偶书
140	送辛儿赴江西插队
140	闽夏纪行杂诗
142	悼念周总理
143	沪粤车上口占
143	一九八〇年春节有感

- 143　游西樵山
- 144　还湘杂咏
- 145　访金田水库
- 145　无题二首
- 146　重访修文中学志感
- 146　黄果树观瀑布
- 146　瓜洲口占
- 147　参观南海康有为故居题诗
- 147　访问黎里柳亚子故居
- 147　游乾陵（高宗与武则天墓）
- 147　成山头观海
- 148　游天子山
- 148　除夕咏雪
- 148　皖行咏史
- 150　六月十五日傍晚由沪飞京，兼东李、孙、彭同志

附　录
- 153　陈旭麓先生传略
- 184　怀念父亲

浮想录

1977年7月

1

神话,是神的人化;英雄,是人的神化,所以英雄的历史往往与神话共存。

2

科学和宗教是不相容的,科学领域的不断扩大,宗教的圈子就越来越狭小。但是在真理受委屈的时候,宗教意识仍会飞入广阔的生活领域,变为狂热。

3

作者把思想变为语言,读者把语言变为思想,似是而非的语言容易揭穿,要破除人们习非成是的思想却要困难得多。

4

消除隐患,始终要放在政治斗争的视野之内,但是隐患之来,常常在你的视野之外,及至变为明患,才知道它是隐患。

5

史识是治史的眼睛,这眼睛告诉我们,不要为表面现象所迷惑,不要被评论家所捉弄。

6

"今日适越而昔来"(《庄子·天下》),抹杀昨天和今天的差别。

7

历史之所以为科学,一是有马克思主义的指导,二是以事实为基础,歪曲事实,就没有历史科学之可言。历史唯物主义并不能代替具体的历史。

8

历史上已宣告走不通的路,但总是有些人仍要去走。

1978 年

9

事物是常新的,千变万化的,如果我们不是用马克思主义的立场、观点、方法去认识它,分析它,而是死抱着我们的导师们一百年、几十年、十几年前每一句话,每一个具体论点去观察和分析变化无常的事物,要变化的事物服从那一两句话,那必然会闹到滑稽可笑的地步。

10

历史是过去了的现实,现实是正在进行的历史,现实总有历史的影响,谁要割断历史,就会受到现实的惩罚。

11

浪漫主义与现实主义的创作原则是不好混淆的,太现实主义了,就塑造不出典型来。如果把文艺上的浪漫主义变为政治、经济生活上的措施,那就会把事情弄得很滑稽,带来灾难。

12

在批判会上有两种激昂慷慨的声音,一种是本来对这个人或事有意见,一种却是对这个人和事有密切关系的,后一种声音往往比前一种声音还要大,还要激昂。

13

当旧世界将要崩溃、新世界还未诞生或还处在萌芽状态的时代,是最富于幻想的时代,洪秀全的《天朝田亩制度》、康有为的《大同书》正是产生于这样的时代的中国。

14

近代中国的革新运动,许多都是外因通过内因起作用,由于内因的不太成熟,往往是生吞活剥或者半途而废。毛泽东的"马克思主义与中国具体革命实践相结合"的著名原则,固然是马克思主义的创见,但他是总结了中国共产党领导中国革命的初期经验和鸦片战争以来新旧斗争的经验得出的结论。

15

"尊孔"曾经长期是人们的敲门砖,后来"反孔"也成了某些人的敲门砖,门虽不同,要求进身则一样。"四人帮"更把自己装作"反孔"的天使,拿着"尊孔"的砖头抛向他们视为仇敌的人的身上,还不是为了要把自己送上云端!

16

历史学看来是探索过去,实际上应该是为了现在与未来,那些食古不化的人,永远只知道历史就是历史。

17

中华民族有过自大,也有过自卑。自大看不见世界,以为自己就是世界;自卑则不敢看世界,以为外国都是高插云霄的珠穆朗玛峰。今天,也只有在今天才可以去研究和认识世界了。

18

生产力的决定因素应该从两个方面来看,一个方面是生产关系束缚了生产力,必然爆发革命,解除束缚;另一个方面,革命胜利了,解除了对生产的束缚,必然要发展生产力,如果生产力没有大的发展,革命后的政权就不能巩固。

19

开辟一个历史时代的伟大历史人物,即使功罪互见,毁誉不一,总是抹杀不了的。等而下之,如在一个领域或某一点上能独辟蹊径,也比那些抱残守缺的人高明许多。

20

近代中国思想界,一边向西方学习,一边又向佛学吸收养料,借佛学来充塞自己的精神,如康有为、谭嗣同、章太炎等人都不例外。但有的人是在碰了钉子后从佛学中去找慰藉,如龚自珍、严复等人。还有梁启超、胡适一类人则是把佛学当作学理去研究的。

21

人体解剖是猿体解剖的钥匙。从猿到人的突变,距今已有几十万年以至百万年了,人的身上还有猴气,再过几十万年,只要仍然是人,猴气也许还是要留存于人体的。刚刚从资本主义社会蜕变过来的社会主义社会,就想要消灭资本主义的痕迹,或者硬要把社会主义说成纯之又纯,不允许它有资本主义的残余,那是否定人身上还有猴气的玄学。

22

未来,永远是一个任人驰骋思想的天地。但不管是宗教家的想象、思想家的想象、艺术家的想象,还是科学家的想象,他们想象中的未来世界不管有多么玄妙,都不可能超越他们那个时代所能想象的范围。

23

当代的母亲忽然分娩出几十万年前遍身长毛的猿人孩子来,名为"返祖遗传"。在人类社会中,久已逝去的历史镜头忽然再现,比自然界的"返祖遗传"要多得多。

24

实践是检验真理的标准,对此,竟有人会说它是毒草,也有人相信这种说法,因为他们习惯了以思想为标准,以语录为标准,不知思想和语录是经过实践检验来的,或者正在经受实践的检验。

25

"闻道潮头一丈高,天寒尚有沙痕在。"这是苏轼《游金山寺》诗中的两句,意思是说闻金山下长江的潮头有一丈高,现在天寒水枯,沙岸还留下了一道道痕迹。社会现象也不例外,在革命浪潮冲击之后,人们的思想上也留下了一道道无形的痕迹。

26

政治家看到的是地平线上的东西,哲学家看到了地平线以外的东西,历史学家记下了地平线上的东西,但要把视野从地平线引向地平线以外。

27

16 世纪欧洲的探险家出发时都有特定的目标,但得到的往往却是不同的发现。

28

神圣与魔鬼,巨人与侏儒,虎豹与虫豸,都只有在大变动中才能显现出来。

29

批判资产阶级史学的客观主义,如果连客观事实也不尊重了,就会导致随心所欲地解释历史资料和歪曲历史事实。

30

失败的本身包含着胜利,胜利的凯歌中也包含着失败。你看,戊戌维新失败了,维新的观念并不能消灭,辛亥革命失败了,民主观念却从此深入人心。

31

把说真话的人作反面教员整,必然会出现成千上万说假话的人,以说假话获得高升。

32

只有神化了的人是没有错误的,从没有听说包公有错误,但一回到人的立场上来就会发现错误。

33

渐进、量变,人们不容易觉察出来,日夜相见的儿童,看不出成长的迹象,积年累月就可看出来了。即使戏台上的"白毛女",她的白发也不是一夜变了的,也是由黑而灰、而深灰,然后变白的。质变、飞跃是从量变、渐进而来的,没有量变、渐进的基础,是飞不上去跃不起来的。人为的没有条件的飞跃仍是要回到地上来的。

34

宗教在激起热情,科学却是冷静分析。政治运动需要激情,所以常常和宗教接近。

35

对于农民战争又在纷纷议论。我以为农民起义领袖的平等思想和皇权思想是一个铜板的两面。作为被剥削被压迫的阶级来说,他们要求以平等反对不平等;作为家长制小农经济的基础来说,他们是不可能摆脱皇权思想的。在历代众多的农民起义中,有的开始就以"真命天子"自命,有的有了点气候就向皇位进军,李自成的大顺政权在向明朝皇帝进攻时,也就在为自己当皇帝创造条件。平等思想和皇权思想两者以何为重?起义之初平等思想是主导的,有了点势力,皇权思想就膨胀起来了。

36

从先进思想家、政治家的思想和活动中,可以嗅到新经济、新政治喷薄欲出的气息;但新经济、新政治的开花结果,必须反映在人民的生活、习尚的变化之中。

37

本质深藏于现象之中,人们看到的首先是现象,认识本质则要对现象进行深入的探索。历史学家首先是捉住现象,描写现象,从而透露出本质来,或者让读者去探索本质。如果历史学家不去捉住现象,空谈本质,就失去了历史学自身的基本任务。

1979 年

38

为什么会跟着人的谬误跑,因为他曾经是正确的。

39

机械唯物论,在存在和意识的问题上是唯物论,在方法论上却是形而上学。

40

美国总统卡特举行国宴欢迎邓副总理时说:"有四千年文字记载历史的中国文明是世界上最古老的文化之一,但是,作为一个现代国家,中国还是很年轻的。"(《人民日报》1979 年 1 月 31 日第 1 版)"最古老的文化"和"很年轻"的"现代国家"有什么内在联系?

41

"对一个真诚的革命战士来说,还有什么比'不准革命',进而被诬为'反革命'是更大的痛苦、更大的恨事呢?"这几句话反映了成千上万的人在"文化大革命"中的想法。

42

周树槐(1786—1858)在鸦片战争时或略后写的《钟馗画像赞》(见《壮学斋文集》)中说:"今有鬼,远出昧谷之西,乘风弄潮,跳踉白日。"并语义双关地说:"人之畏鬼,乘人危疑。"这是"洋鬼子"的最早说法,鬼的人化,鬼是人的奸恶者。

43

当自己还年轻的时候,老的一代好像蛮不讲理;到自己成为老的一代的时候,将发觉新的年轻人也会这样看自己。

44

"草完明治维新史,吟到中华以外天。"这两句诗是黄遵宪对其《日本国志》《日本杂事诗》的自诩。

45

"一夕狂驰三百里,敌军便渡鸭绿水。"这两句诗形容叶志超从平壤撤退奔回鸭绿江,多么形象!

46

革命以暴力行之,当之者靡;改革靠政令推行,政令之行否在官,而官常常是改革的阻力,所以改革比革命难。

47

"不管别人怎样折磨我,我自己不折磨自己。"某同志做了20年"右派",纠正后说了这一警句。

48

由于防御倭寇的骚扰,上海的城墙,从1553年9月开始兴建,经过两个多月的奋战,到 11 月就完成了,但拆除时,从 1906 年开始的建议和反建议斗争不算,单就 1912 年 7 月开始拆除到 1914 年 10 月拆完的过程来说,竟费时两年又三个月。可见历史的惰性和习惯势力的影响。许多事物的除旧比布新更麻烦。

49

鸡毛飞上了天,是风吹上去的,不是自己的翅膀飞上去的。

50

佛教传到中国来,出了许多著名的高僧;基督教传到中国来,只有许多披着宗教外衣的侵略分子,难道没有一个友好的宗教人士吗?

51

萧一山《清代通史》中的《清代学者著述表》从沈国模(1575—1656)到刘师培(1884—1919),共收 970 人,不仅黄景仁这样的诗人收进去了,而且曾国荃、翁同龢这样的官僚因有诗文集也列名其中。

52

万里长江的滚滚浪涛,却是发源于青藏高原冰川的涓涓细流。

53

历史有时是大河奔流,有时是峰回路转。人们在"奔流"中既要高歌猛进,又要站稳脚跟,不被浪涛卷走;在"路转"时既要认清去向,又要审势而行,不能停住自己的脚步。

54

伟人不相信神,但喜欢别人把自己说成神;人们并不喜欢特殊的人,但愿意接受神化了的人的统治。

55

戏剧家写历史剧,既要有历史的真实感,又要有虚构的艺术性,把好人说得更好,坏人说得坏些,才能给人以鲜明的爱憎。历史学家觉得不符合历史的真实,因为历史家只看到历史的一面。但观众确实容易把历史和艺术的加工混在一起,就虚实难辨了。

56

"权"这个家伙顶厉害,一不当心就搞出特殊化来。

57

针对一项具体事物的论点和语言,可能是很准确的,把它扩大到许多事物上去,就会荒谬得可笑了。

58

科学文化不都是外国的。

59

依靠朴素的阶级感情,可以打倒国民党反动派,但攻不下科学的堡垒,实现不了现代化。

60

除了自然物是"上帝"造的以外,其他一切都是体力劳动和脑力劳动的产品,包括物质的和精神的。

61

过去的许多东西,包括一代一代的人在内都化成了灰烬,只有文物才是永恒的,化石也是文物。

62

朴素的阶级感情通向宗教,而不是通向科学。

63

近代中国人物的新陈代谢快,事物的新陈代谢却很慢,譬如铁路就争论了 20 年;小脚从上世纪 80 年代就喊要禁止,可是 20 世纪 20 年代的乡下还在给童女缠足。

64

1896 年冬天,孙中山在伦敦蒙难被救出后,李提摩太对他说:"在我们意见看来,中国需要的是改良,而不是革命。"1900 年孙中山在横滨,李提摩太路经横滨又向他说不要革命,还是走改良的道路好。均为孙所拒。李提摩太无可奈何地说:"如此看来,我们只好分道扬镳了。"

65

在政治上要变反对力量为拥护力量,在学术上要排除一切动摇和反对力量的干涉,才能有所成就。

1980 年

66

要看条件办事。条件是可以改变的,要在办事的过程中改变,不能用一下子取消的办法来改变。

67

去旧难,如八股考试、缠足;又如武科 1875 年沈葆桢就奏请废除,不听,至 1901 年才停止。立新也不易,铁路争了 20 年。

68

写具体人物、具体事件,要放在全局的链条上来考察;写全局性的问题,又要建立在一个个人、一件件事的基础上。

69

甲说:这是一尊大菩萨。乙说:我不相信菩萨。
甲说:你要肚子痛的。

70

打人整人是一宗政治资本,被打被整也是一宗政治资本。前者是十七年和十年的历史,后者是近三年以来的现象。

71

把一般经济规律当作资本主义反对,把自己制造的极"左"口号当作科学社会主义供奉,两者合而为一就是灾难。

72

从花洲扶主开始,洪秀全的形象,宗教领袖比农民起义领袖的气味更多。

73

从洋务运动到戊戌维新,是革新道路上的量变,辛亥革命是个飞跃,但飞得不高,跃得不远,没有完成飞跃的任务。

74

魏源从编《皇朝经世文编》到《海国图志》就是由地主阶级改革派向洋务派过渡。

75

一些新的东西往往带着旧的痕迹,有些旧的冒称为新的,也有新的是新得出奇的,在现实社会中还是虚幻的。

76

一个崇高圣洁的名字,忽然成了罪恶的来源,历史是多么冷酷。

77

一种信仰,一种思想一旦成了最大的权威,那些奸佞会打扮为圣徒,把"权威"盗了去变为自己的玩具,林彪、"四人帮"的"最最革命"即其一例。

78

一切事物之间有同有异,在强调同的时候要看到它的异,反过来,强调异的时候要看到它的同,才可避免片面性。

79

当人们放开喉咙诵祷林彪"永远健康"时,刘少奇同志故居所在地的生产队社员肖晓村念作"永远吃糠"(新华社长沙1980年3月4日电),这是一句幽默而真实的语言,应该称群众为语言大师。

80

新陈代谢是个自然规律,革命与改良是推动代谢的力,也是规律的体现,但有人为的因素,如果过头和不及,会对代谢起破坏或阻滞的作用。

81

明治时代,日本高唱"洋魂和才",意即西洋精神加日本才华。洋务运动中洋务派提出了"中体西用",意即中国(封建)精神加西方技术。这两个口号形似而实不同,也是中日学习西方的很大差距,为什么会有这个差距,要从各自的社会历史中去找。

82

现实是由历史前进的齿轮铸造的,人们却要倒过来用现实去铸造历史。

83

1946年6月,斯特朗第五次来到中国,去延安等解放区旅行了九个月,把她的这段亲历写入了《中国人征服中国》。在清朝、北洋军阀和国民党的统治下,英国、俄国、日本、美国通通没有征服过中国,斯特朗看出来了,只有中国人自己才能征服中国。

84

虚伪换来的只能是虚伪,如果虚伪获致了忠诚,那是忠诚的眼泪。

85

历史是个无私的渊博的顾问,怎样对待它,它都会作出答案。歌颂历史上的伟大人物,礼赞历史上的惊人事业,是为了鼓舞历史前进;冷静地如实地分析历史上的重大问题,使来者有所"资治"和"借鉴",是为了更好地推动历史前进。

86

矫枉不应过正,过了正,就仍然是枉。

87

原理、主义都是一定时代的产物,没有新的血液的灌注,最丰满的原理、主义也将慢慢消瘦和干瘪的。

88

史学家总结过去,政论家着眼现在,哲学家展望未来,但三者中的每一个又都要有其他两者的心思。

89

理论是指导,路要自己走。

90

时代的波浪是历史的表层,只有潜到水的深处,才能侦察到海底的活动和波浪的来源。

91

民族壁垒可以阻挡侵略,也会封锁自己。学术、科学、文化的交流和研究,可以超越这个壁垒。

92

正义掩盖下的欺骗和攻击,是把颠倒过来的是非再颠倒过去。

93

新的经济体制和政治体制建立起来了,无孔不入的封建习性会对它潜移默化,是新陈代谢的倒行。

94

"无意苦争春,一任群芳妒。"陆游《咏梅词》中的这两句,好在一个"争"字,一个"妒"字,世间的许多杀机就是从"争"和"妒"产生的。

95

哈巴狗向大象吠叫,不是表明勇敢,而是表明惊奇。

96

以行政命令的集体制代替小生产者的单干制,不取得生产发展的胜利,那改变的是躯壳不是灵魂。

97

为了歪曲现实才去歪曲历史,不是为了歪曲历史而去歪曲现实。

98

现实总是受历史支配的,而历史又都是受现实支配的人写的。

99

义和团运动代表民族感情,并不代表时代的脚步。

100

没有批判,没有争鸣,学术就不能前进。但是,有时批判者比被批判者更荒谬,争鸣也常会是渣滓的泛起。

101

化装师为银幕化装出各类人物的阶级形象、时代形象和个性形象,对演员是化装,对模拟对象是典型人物的再现。人物传记的作者则是把人物的阶级形象、时代形象和个性形象集中描绘出来,提供剧作者和化装者去化装。

102

要叫人去当官,不要叫官去当官。

103

"与其死于蜮,曷若死于虎。"这是《孽海花》第34回借戴胜佛(谭嗣同)之口唱出的一首歌词中的两句。因为"死于虎",人们看到了虎的残暴;而"死于蜮",死的人也不知道是怎样死的。

104

作家以他的作品而存在,科学家以他的科学成果而存在,史学家以他的史著而存在。靠吹和捧起来的"家"是不会有生命力的。

105

教师要有一本不是写在纸上而是刻在心上的教材。

106

在资本帝国主义入侵的刺激下,中华民族一面抵制,一面学习,在抵制和学习中都有盲目性。

1981 年

107

炸弹带来的是死亡,也送来了新生。废墟上的重建从来不只是恢复,而是有发展。

108

在头绪纷繁中找出头绪,在争议不休中找到答案,才可以衡量出水平来。

109

人们都说洪秀全的拜上帝会是要把宗教天国变为人间天国,其实洪秀全的思想和实践,一半在人间,一半在天上,是"天上人间"。

110

"霖雨苍生愿岂虚,洪杨当日起宏图。炭工千百崎岖路,泉石而今汇广渠。"这是我1981年3月17日访金田水库的诗。金田水库在紫荆山口。

111

中国因长期落后而挨打受苦,许多个人却因要求革新而被糟蹋攻击,郭嵩焘就是一个。众醉独醒是国家的悲剧,也是个人的悲剧。

112

太平天国以洋宗教的上帝反抗清朝的封建统治,义和团以土宗教的玉皇大帝等反抗帝国主义的侵略,各执一端。

113

报上发表批判文章,人们说风雨又来了。我说阳光灿烂的季节,也要有点风雨,就是不要下冰雹。

114

牛绳不是牵在牛鼻子上,把它牵在牛角上,牛是不会听你使唤的。

115

我们总想把政治思想看作是同社会经济亦步亦趋的,我们写戊戌、辛亥、五四不都是这样写的?但是我们的政治思想像朵飞在天空的白云,想遮盖大地,其实它还是离地面很远的孤云。

116

近代历史似大河奔流,也有峰回路转。一方面是人才辈出,一方面是人才沉落。处在这个转折年代的人物,他们迈开步伐前进,还是落在形势的后面,是评价他们的关键。

117

大地如果没有了绿叶,剩下的只是一片黄土和红土,人类的命运也就可想而知了。

118

辛亥革命那阵子到底出了多少个都督,谁也没有去统计,这些都督就是鲁迅所说的草头王。

119

新旧冲突都是两代人的冲突。

120

中国从洪仁玕于1859年开始倡议"立银行",经过38年,到1897年才有第一家银行——中国通商银行。

121

批判过的东西不是全不可以再搬出来,因为有些批判是歪曲,或者部分歪曲,并不代表真理。

1982 年

122

一次座谈会上,一位同志发言说:"理论工作者要讲理!"那是说有的理论工作者不讲理。其实不是不讲理,而是在编造理,或者他的理是以"势"为转移。

123

新陈代谢,并不是一下子全部更新,而是局部地更新,那些还有生命力的"陈"仍然要继续发挥它的功能,再为下一步的"新"代替。

124

美国的唐斯博士曾称有 16 本书是"改造世界的书",即哈维的《血液循环论》、牛顿的《数学原理》、潘恩的《常识》、马尔萨斯的《人口论》、斯陀夫人的《黑奴吁天录》、达尔文的《物种起源》、马克思的《资本论》、爱因斯坦的《相对论》、希特勒的《我的奋斗》等。在近代中国,又有哪些改造中国的论著?

125

学外国语的地方叫作同文馆。在他们看来,《海国图志》只是地方志的扩大。

126

教皇判处科学家以死刑,因为科学家判处了上帝的死刑。

127

从宏观着眼,从微观入手,是研究历史和一切事物的方法。

128

"欧风美雨"最初渡过太平洋,在澳门、香港和五口登陆,然后吹向中国社会。

129

思想的先进性和思想的影响并不是相等的,例如"五四"时期的李大钊和陈独秀、胡适在当时的影响就不相等。

130

林则徐的《四洲志》、梁廷枏的《海国四说》、魏源的《海国图志》、徐继畬的《瀛环志略》等书,是开眼看世界的表现,也是世界概念的改变,并促进中国人对世界概念的改变。

131

蒸汽机是产业革命最伟大的领袖。梁廷枏在1844年至1846年撰刻的《海国四说》中介绍其作用说:"以火蒸水作舟车,轮转机动,行驶如风。他如纺车织具,并以水火力代之,机动而布自成。"

132

龚、林、魏等人在鸦片战争前后有哪些积极促进"新陈代谢"的言论?譬如魏源的"变古愈尽,便民愈甚"的思想,即其一例。

133

洪秀全向西方学习了什么呢?从传教士那里搬来个洋上帝打土偶像,也算是新陈代谢的一个方面。但洋上帝没有打倒土偶像,它反被土偶像打倒了。

134

有些批判文章有生命力,如章太炎的《驳康有为论革命书》;有的则是被批判的文章有生命力,如严复的《辟韩》。

135

基督教的"天国"只存在于人的心灵,或死后归宿。《圣经》上说的"天国近矣",说了千百年,"近"在什么地方?"近"在什么时候?除了上帝,谁也不知道。洪秀全设想的"天国",却不是那么遥远、玄虚,也不只是"救世""醒世""觉世"满纸好听的话。太平军一开头就建立起"圣库制度",个人的所有所获都上缴"圣库",个人所需也都仰给于"圣库",这就不是传教士口诵的天堂门券,已是人们直接感受到的圣水。

136

新事物开始时并没有独自的性格,常常是寄托于旧的躯体里,有的艰难地生长,有的变成畸形。

137

蜡烛把光亮给了人,自己成了灰。革命烈士给人的光亮是鲜血,思想家、科学家给人的光亮是脑汁,鲜血干了,脑汁枯了,光亮永存。

138

徐继畬官至巡抚、署总督,清一代的总督、巡抚不下两千人,我们数得出名字来的并不多,为什么要讲徐继畬?因为他写了《瀛环志略》。

139

政治家着眼于今天,哲学家看到的还有明天。毛主席是个伟大政治家,也是哲学家,在他的晚年把哲学家的明天搬到了政治家的今天,所以我们又要退回来。

140

一切事物不是发生在它发生的时候,都是"今日适越而昔来"。

141

拜上帝会(洪秀全)认为一切都是皇上帝所有,土地也是皇上帝的,这一点就剥夺了地主阶级的土地所有权。

142

拜上帝会对天地会这种秘密社会来说有推陈出新的地方,反清而不复明即其一端。

143

群众的哲学,可能到哲学家那里找出若干反映,但他们自己的哲学则要到秘密社会里去找。

144

"五四"时代的青年依靠自己冲出了一条路。"五四"后的青年冲击了一些污泥浊水,但仍只能沿着老一辈指给他们的路走,因为路已经有了。

145

太平天国仍然是旧式的农民战争,但已萌发了一些新苗,新苗又为封建的浊流淹没。

146

上一个世纪外国人说中国文化是"小脚",现在他们说中国文化是"随地吐痰"。

147

如果一个有代表性的会议,只有代表的积极性,而没有被代表人的积极性,那它的代表性也就不多了。

148

同治二年八月,郭嵩焘将赴广东巡抚任,郭会晤曾国荃,询治道,曾说:"除弊须慎之又慎。多其察,少其发。发之不当,则威损矣。"此乃做官哲学。

149

封建残余在我们这个社会主义祖国仍然到处都可嗅得到,许久找不到一个适当的词来表现。以封建意识反映在男女婚姻问题上为题材的影片《潜网》,是一个表现得很恰当的词。在政治生活中也有这样的"潜网"。我们要消除这个"潜网",还得花很大的气力。

150

圣洁的动机,得到的有时会是罪恶;罪恶的目的,有时也会出现崇高的效果。

151

对"实事求是"的热烈追求,因为尝到了不"实事求是"的苦果。

152

新事物的出现常常是依附于旧事物,甚至受到卵翼,但到旧事物阻碍其发展时,它们的斗争就开始了。

153

人物隔代,思想长流。

154

外国资本主义对华的商品输入,以洋货取代手工业;洋务派的民用工业，以自己的产品代替手工业。

155

历史是客观世界的运动，也是主观世界的记录，记录与运动之间从来不是珠联璧合的，只有比较近似和很近似。

156

左宗棠镇压西北回民是罪恶，收复新疆是功绩，而他的罪恶却是通向功绩之路，因为他不平定陕甘，他的大军是很难飞渡玉门关的。幸福之门有时是通过罪恶打开的。

157

变——近代中国社会哲学。

158

要让历史自己说话，但历史学家还要说出历史没有说出来的话。

1983 年

159

洋务派和早期改良派看到了三千年一大变局,要应变,否定了历代的静止不变观点;以康有为为代表的维新派主张"全变",否定了早期改良派和洋务派的"器可变道不可变"的观点;以孙中山为代表的资产阶级革命派主张革命突变,又否定了康有为等人的"渐变"观点——构成了近代社会的"变"的哲学。

160

史论是现实的人对历史的感发。它有无深刻的借鉴意义,是其有无价值之所在;没有借鉴意义的史论是缺乏生命力的。但借鉴的现实性,应该得自历史的必然逻辑,绝不应该是狗尾续貂,强加臆言。强加的臆言,很可能是对历史的亵渎,而对现实则是歪曲。

161

布新难,除旧更难。

162

洋务运动中产生了改良思潮,维新运动中产生了资产阶级革命思潮,资产阶级革命运动中开始有社会主义思想的译述,一个新的东西登上历史舞台,另一个更新的东西即已萌发。

163

"天国好像一粒芥菜种,有人拿去种在田里。这原是百种里最小的,等到长起来,却比各样的菜都大,且成了树,天上的飞鸟来宿在他的枝上。"(《新约全书·马太福音》第 13 章第 31 节)耶稣向门徒说的这个比喻,表明"天国"是在人的心中。

164

为了站稳立场批判客观主义,把客观也批了,剩下的就是主观主义。主观主义比客观主义的危害更大。

165

论年岁,总是旧的比新的老;在实际生活中,却是有了新的才有旧的。

166

阴谋家要挑起事变,必须拨动权势者的神经。激起西太后发动政变的,一是说保国会"保中国,不保大清";二是说让旗人自谋生计的诏谕,皇帝是不要满人了;三则是说将围颐和园杀太后。

167

西学即新学,新学即新政。

168

失败的政治运动,深刻的社会影响——失败中的胜利。

169

梁启超等人的"诗界革命"和新文体,是对旧格式的突破。严复译述《天演论》,是用优美的唐宋古文格式传播新思想,同样是中西文化的结合。

170

把历史事件像摄影那样呈现出来,是一般历史学家的任务;说明是这样而不是那样则是历史哲学家的任务。

171

幻想的东西可以成为精神上的鼓舞,把它当作实践就会碰得粉碎。

172

在维新运动中宣传"冬裘夏葛"法则的康有为,戊戌政变后逃到海外一味保皇,已昧于"冬裘夏葛"的道理,披着光绪帝赐给他的"冬裘"脱不下来。

173

事物是不断地演变、不断地更新的,但阳光下并没有绝对全新的东西。

174

在改造中的战犯会说许多真话(如沈醉《我这三十年》),革命的回忆录却不无饰词，都是想取得读者的信任。

175

近代以前的爱国与忠君分不开，近代的爱国则与叛君的民权思想相联系；近代以前的卫国在于"制夷"，近代的卫国还要"师夷"（革新）。

176

历史就是真理，写的历史未必全是真理。

177

技术是推动社会前进的巨大引擎，创造引擎的是掌握生产斗争、阶级斗争的人。

178

历史要有数字说明，但数字并不是历史，因为数字说明的只是事物的多少，不是事物的性质。

179

"芳林新叶催陈叶，流水前波让后波"（刘禹锡诗），说的是自然规律。社会的新陈代谢受自然规律的制约，但不同于自然规律，表现为先进与落后。

180

"物形之变，要皆与外境为对待，使外境未尝变，则宇内诸形，至今如其朔焉可也。惟外境既迁,形处其中,受其逼拶,乃不能不去故以即新。故变之疾徐,常视逼拶者之缓急,不可谓古之变率极渐,后之变率遂常如此而不能速也。即如以欧洲政教学术农工商战数者而论,合前数千年之变,殆不如辁近之数百年,至最后数十年,其变弥厉。"(《天演论》"导言十六进微")按这里所说的"外境"即指所处的境地或环境,就鸦片战争后的中国来说,即"西学东渐"由外来变为内在的环境。

181

近代中国倡妇女解放者,多属男人;妇女出而自谋解放者,首推秋瑾。只有妇女以自己的实践来解放自己,妇女解放才有实际意义。

182

传统思想,在其开始大都是合理的,一旦成为传统,它的惰性就越来越多。革命与改革在于对惰性的鞭打,鞭打得过了头,抛弃了其中的合理内容,传统又会振振有词、理直气壮起来。

183

宗教是对人们的麻醉(鸦片),宪法却仍要允许信教自由,因为还存在从麻醉中找安慰的社会现实。

184

不懂得封建专制制度——皇帝的权威,就不会懂得辛亥革命打倒皇帝的伟大历史意义。试看秦始皇陵的兵马俑及历代的皇陵,就会感到把皇帝拉下马是历史的极大快事。有人说要是清末立宪成功,或者可以避免民国时期的祸乱。这不是说清朝没有实行君主立宪的魄力和条件,即使成功,则依附皇帝的封建势力将会获得更大的保留。

185

清末革命派与立宪派的差异:前者的反封建性强,后者是在反封建中保留封建。

186

孙中山说次殖民地比殖民地还不如。卢沟桥事变爆发,日本人说他们要给中国改变这样的"不如"(即变中国为日本的殖民地)。这是极大的歪曲。

1984 年

187
史识是治史的眼睛。

188
时代概念,在历史长河中的近代才特别显示出来。

189
最坏的时代产生最好的东西,最好的时代也有最坏的东西。

190
近代中国破一分封建即前进一步,"五四"提出的民主与科学口号,旨在破封建。

191
以虚带实,由实入虚,但虚都是实的反映。

192
陆游说:"尝试成功自古无。"胡适在编《尝试集》时说:"自古成功在尝试。"两人的着眼点不同,用意都是对的。

193

应该建立中国的"近代学",中国不能只有古代学。什么是中国的"近代学"？就是古今、中西的汇合。20世纪初年,有人说梁启超的《新民丛报》,是"中外双钩于笔底,古今一冶于胸中"(3月5日在本校政教系主办的"中国近代哲学史进修班"开学典礼上想起的)。古今中西的汇合集结为进化史观,然后是阶级论,中国人自己的进化论和阶级论。

194

康有为说:"因显微镜之万数千倍者,视虱如轮,见蚁如象,而悟大小齐同之理。"小说家可以夸张虱如轮、蚁如象,但不能改变虱之所以为虱,蚁之所以为蚁。

195

康有为发动的戊戌维新运动,当时被视为洪水猛兽,事后回顾却只是对千百年的陈年老账踩了一脚。

196

农民始终是革命暴力的主力军,而在社会革新的道路上却是民族觉醒的保守势力。

197

中国破古代的观念形态、立近代的观念形态从哪里开始？是从鸦片战争开始的,是从认识坚船利炮开始的。

198

人民是永存的,人民需要的东西是消灭不了的。

199

历史上的斗争,有的目的是崇高的,而手段是卑鄙的;有的目的不是光彩的,而手段是可取的。

200

中国的古代学是丰满的,应该还有她的近代学,那就是古今中西的汇合。

201

洪秀全搬来的"洋上帝",就是"欧风美雨"开始飘来的风和雨。

202

洪秀全搬来号称独一无二的真神洋上帝以扫荡一切土菩萨,义和团则动员仙佛神怪等一切土菩萨以对抗(驱逐)洋上帝。

203

我们对西方来的事物,19世纪后期概称之为"洋务",20世纪初期概称之为"欧风美雨","洋务"就是"欧风美雨"。

204

历史是古老的,又永远是新陈代谢的。

205

革新的道路从来是不平坦的,怕犯错误就没有革新。

206

要从同一性中找出不同一性,要从不同一性中找出同一性。

207

保守,从来是右的表现,有时却是"左"的象征,因为时代变了,他们所保守的是传统的"革命"教条。

208

假东西有真价值。袁世凯的《戊戌日记》可以说明袁世凯的虚伪性。但你须先知道它是假东西才可探出它的真价值。

209

最大的虚假是上帝,上帝的背后却有着最大的真实。

210

原先努力追求而被打断了的东西,在另一个时候又会成为更集中的奋斗目标出现,如戊戌维新中一度被提出过的立宪,政变后消失了,至1905—1910年又掀起了一股立宪声浪。

211

35年前随处可见到的"族谱",现在一有发现,报上已作为文物报导。

212

新和旧是对立的,表明了它们的不同一性。但它们互相转化,又具备着同一性。

213

《金刚经》的"凡所有相,皆是虚妄""应无所住,而生其心"思想,是禅宗的重要依据,并把它发挥至极虚妄的境界而成为禅宗一派。

214

会党是近代社会的极不安定因素,统治阶级害怕这种不安定,革命势力则需要这种不安定,这就构成了它的历史作用。

215

会党是社会的游离分子的集结,它不代表新的生产因素,而是在旧的生产体系崩溃中找不到出路的人群。

216

没有改革愿望的人而厕身于改革之局,不可能诞生真改革。

217

最优秀的古代文化如果害怕污染而不汲取外来文化的养料,也是会枯萎的。

218

政治家的善良愿望是野心家得以售其奸的通道,如孙中山、黄兴在辛亥革命中对袁世凯的谦让。

219

在新旧文化的递嬗中,"有两种很特别的现象:一种是新的来了好久之后而旧的又回复过来,即是反复;一种是新的来了好久之后而旧的并不废去,即是羼杂"(鲁迅《中国小说的历史的变迁》)。这种"反复"和"羼杂"到了民国初年特别显著地呈现出来。

220

近来报刊上流行"松绑"一词,富有时代气息。"绑",是多方面的,生产上的绑松了,思想上的绑不松,它还会绑生产的腿。

221

民族传统与近代文化的冲突,是前者汲取后者还是后者改造前者的冲突,因人因时而异。

222

史与论的关系,事为体,论为用。

223

"开民智"是医治愚昧,尚服从是提倡愚昧,以革命的名义宣扬愚昧主义则是民族的灾难。

224

给不幸的人以幸福是无私的(看电视播放《大桥下面》所想)。

225

不顾客观要求地去保全自己,或者不择手段地去发展自己,没有不走向反面的。

226

发展意味着变革。凡变革都有阻力,所以发展总是在冲破阻力而后取得的。

227

传统保守观念总是存在的,但它不能统治每一个人的头脑。

228

进化论的传播,在中国是古典哲学的终结,近代哲学的开始。这种变化具体体现于康有为思想。

229

"事实是最有权威的发言人",历史的权威就在此。

230

变易思想引导了王安石那样的变法,变易思想加进化论才引导了康有为那样的维新变法。

231

"左"之所以能吓唬人,因为它总有不许人反诘的强权。

232

后起者的正确常常是在前行者的错误下取得的。

233

理论会把实际搞得颠三倒四,实际也会把理论整得狼狈不堪。

234

唯物辩证法是针对形而上学的,并不排斥归纳法、演绎法,更不抗拒系统论、控制论等新方法,只有这样才能丰富自己。

235

"视官吏如天帝,望衙署如宫阙,奉缙绅如神明。"(《清议报》全编第7卷第2集第9页)这种千百年形成的社会意识,至今还若隐若现。

236

霍元甲之所以能击败对手,因为他不拘守霍氏一家之拳法,尽取别家的长技。

237

明治天皇的"开拓万里波涛,宣布国威于四方",表现了一个海上岛国的雄心,与天朝上国的中国迥然不同。

238

只谈一分为二,不谈合二而一;只谈破字当头,立也在其中矣,不谈立字当头,破也在其中矣,都是半截子辩证法。半截子辩证法仍然流为形而上学。

1985 年

239

报载上海市日销人参一吨。我改唐诗两句为证:"参茸岂是侯门物,散入寻常百姓家。"

240

发展观是马克思主义哲学重要原理之一,也包括马克思主义的本身,如果马克思主义不发展,马克思主义也会枯萎。假如有人把发展马克思主义的言论硬作为"马克思主义过时论"的靶子来打,那他恰是反马克思主义的。

241

教师要像恋人一样去诱开年轻人的心扉。

242

理性是人为,反理性是天籁。人为改造天籁,天籁也会反扑,回到自然去即其一例。

243

"左"的统治下是没有真话的,"左"的势力收敛时真话就出现了。

244

偏见不等于"左",偏见涂上政治色彩就一定是"左"。

245

有的人是棍子,有的人有棍气,棍气从棍子而来,也可升华为棍子。

246

严复的"运会"说、"治化"说是由生物进化引申为社会进化的轨迹。

247

严复在《天演论》的按语中分"天然之物"与"人为之物"。照人文社会学家的分类学说,凡"人为之物"即文化。花草是天然的,经过剪接培植的花草,"天然"中寓"人为",文化已在其中,盆景正是由"天然之物"蜕化而来的文化。凡文化皆"天然之物"的加工和改造。

248

"智以藏往,神以知来"(《易经》语)是著史的旨趣,没有"智"(史学)不能"藏往",没有"神"(史识)不能"知来",两俱失之的史是断烂朝报。

249

近代初期的经世学派,通经致用是其指导思想,以史论政是其实行张本。

250

以"左"反"左"与以右反右同样不切实际,人们仍把这样的反"左"视为正当,"左"之病已入膏肓。

251

中国的封建社会长,因为它只有树的年轮的新陈代谢,质的新陈代谢只是个别事物,对整体的变化没有太大的作为。

252

不是"下笔如有神",而是"下笔如有绳","绳"者"左"也。

253

从"左"派幼稚病到"左"倾盲动主义,再就是从"大跃进"开始的极"左"愚昧性。

254

以姓氏笔画改为得票多少为序,是去年12月下旬至今年1月初旬作家代表大会的一大改进,由自然法变为民意反映。

255

"为变至微,其迁极渐。"严译《天演论》"导言一"中的这句话是说自然界的动植各物的变化"微""渐"。中国封建社会的长期性,不是说它没有变化,而是说它的变化也是极为微、渐的,各个朝代只有微异。

256
新陈代谢是事物发展的一个客观法则,揠苗助长的人为的新陈代谢却会给事物带来破坏。

257
文化人类学着重民族、部落、社区的研究。中国地方大,经济、文化发展很不平衡,区域性差异大,有各种各样的区域,如政区、族区(民族地区)、社区、自然区等,我们通常只顾到政区的研究。

258
20世纪初年中国的革命派与立宪派的争夺是民主共和制与君主立宪制两种模式的争夺。"五四"开始的中国革命派与顽固派的争夺,则是社会主义与资本主义两种社会形态的争夺,在革命内部则有怎样达到社会主义的两条路线的斗争。

259
"是东一块西一块零零碎碎的进步,是零买的不是批发的。"(《杜威五大讲演》第14页)此话放在"五四"以前的中国并没有错。

260
天地会主要以《三国演义》《水浒传》为精神粮食,从桃园三结义、一百零八条好汉等传奇式人物身上汲取力量;义和团主要以《西游记》《封神演义》为精神食粮,从孙悟空、哪吒等转化为人的神怪身上汲取力量。在迷信的程度上两者大有区别,一个崇信的是超人,一个崇信的是神妖。

261

人们的缺点有时比优点更可爱,因为它是真实的。

262

青年喜欢节奏强烈的迪斯科,而不喜欢节奏缓慢的京剧,这是一种青年中国代替老年中国的感情。

263

愚昧常带来破坏,破坏社会,也破坏愚昧者自己。

264

历史不只是谈过去的成败得失,并包括过去所有生活和知识,而是一门综合性学科。学点历史会使人在认识世界和创造新的生活中更聪明些。中学历史教学要适合青少年的特征,为其积累知识和热爱生活增添诱力。(为《历史学习》题词)

265

"火种""薪尽火传"是自然经济的写照,洋火(火柴)来了,打断了"种"与"传"。

266

改造自然的手段和结果都是文化,婴儿不是文化,试管婴儿有文化。

267

爬到半山即使摔下来,也比站在山脚下徒发"仰之弥高"的赞叹好。

268

会党反清并不是把它作为封建主义的代表来反对,只是以其下层社会潜在的阶级意识对压迫者表达憎恨。

269

爸爸、妈妈,还有爷爷,都想照自己走过的路塑造第二代、第三代,可是二三十年代已很远了,五六十年代也远了。

270

教师是园丁,不是雕塑家。

271

有的人是打出来的,有的人是被打出来的,后者是对前者的惩罚。

272

幸福中的感情是陶醉的,艰危中的感情是深沉的。

273

他有缺点,有错误,却是个有血有肉的真实的人,与其失去血肉,宁可保留缺点和错误。

274

"五卅"烈士何秉彝中弹倒入血泊时,尚三呼"中华民国万岁",所爱者轩辕以来的中国也,非北洋军阀统治之中华民国也。

275

公平是从残酷的不公平中得来的。

276

让历史说话,还是要通过史学家来说话:《史记》是司马迁在说话,《资治通鉴》是司马光在说话,《中国通史》是范文澜在说话。

277

社会经济发展的迹象,没有政治和外力的推动(刺激),只是依靠生产内部自身的演进,它的脚步是非常缓慢的。

278

任何生命都不是永恒的,只有新陈代谢才是永恒的。

279

生命的延续在于新陈代谢。

280

社会政治的改良与革命,都是在完成社会政治某一个阶段的新陈代谢。

281

人希望没有矛盾的生活,而生活就是矛盾。

282

两重性不是在走平衡木,每每是在玩高低杠。

283

以考试取士是对九品中正门阀制的否定,它有顽强的生命力。"文革"一度施行推选制,"文革"后仍回到考试,且推广了。

284

思想是飞翔的,要善于捕捉它。

285

太平天国反对偶像崇拜,是以一神论反对多神论;资产阶级革命派批评义和团的迷信,是以无神论反对有神论。

286

改变传统遇到的困难,如对小脚的放大一样。

287

"左",未必是小资产阶级的狂热性,而是有知者造作和无知者愚昧的交响曲。

288

在苏联渡过了 12 个春秋的蒋经国,回国后仍然皈依于曾经敌对的父皇陛下,但也修补了父皇的破衣钵。(看江南《蒋经国传》想起的)

289

历史自己没有谜,谜都是创造历史的人的设想。

290

既相同又不相同才有比较,尽相同就不用比较了。

291

小孙女得到糖果叫好爷爷,不让她吃就贬称坏爷爷。成年人、老年人的世界里并没有迈出小孙女的褒贬。

292

实践是检验真理的标准,但真理是不断完善的,既有胜利的欢欣,也有失败的痛苦。

293

激进的新思潮对传统文化的巨大冲击,它取得的胜利都不是全部的,因为传统中还有着合理的部分和客观存在的可接受性。

294

中国对外来文化历来表现为融化的大度,近代则表现为由融化而混合以至取代的趋向。取代不是人们所能接受的,只能以或急或缓的融化方式来推进。

295

一切事业都离不开人和人际关系,只从人和人际关系用力,而对事业漠然置之,是见人不见物,与见物不见人同样荒谬。

296

民族心理是历史的,社会心理是阶级的,两者交错体现于民族和社会中的个体——人。

297

租界是罪恶的渊薮,却在闭塞的封建区域中展示了显眼的西方文明(租界的管理、法制和对新派的"保护")。

298

好人,只有在最困难的时候才有可能遇到。

299

只顾写历史的逻辑,不问逻辑是否合乎历史,所以历史书多公式化。

300

袁世凯叫张一麐编造的《戊戌日记》,蒋介石叫陈布雷编造的《西安半月记》,是戊戌政变和西安事变的伪史,却是袁世凯和蒋介石的真史。因为假象也是本质的表现。

301

生活是人的存在,事业是存在的价值。

302

创新是从勤学苦练中得来,模仿是创新的起步。

303

佛家说"一念不生"是自己在否定自己,因为"不生"就是一念。

304

分享艰苦比分享欢乐更懂得时代的脚步。

305

过去年代的教育,不是在培养人去制造机器人,而是把人变为机器人。我们的教师至今还没有从机器模型中完全解脱出来。

306

康有为的"亡国之鉴"(不是以前朝为鉴,而是以波兰等外国为鉴)与"以开创之势治天下"的思想,是爱国主义和革新要求的汇合。

307

"楚怀若纳贤臣谏,千古无人吊汨罗。"(八指头陀《汨罗怀古》)此亦设想历史的另一种可能。

308

我们的社会,既需要雷锋,有时更需要张志新;做雷锋不易,做张志新更难。

309

"被压迫民族的统治阶级必然反抗压迫民族的统治阶级"(陶希圣:《中国之民族及民族问题》,载《东方杂志》第26卷第20号),与我们所说的封建统治者与帝国主义勾结以镇压中国人民的话相反。如果不说得那么绝对,被压迫民族的统治阶级对压迫民族的统治阶级在屈服和勾结中,却也有反抗的时候。

310

写人物传记,必须从时代、社会的典型性探索其个人的典型意义。历史人物的典型性与文学上的典型性有所不同,必须是实体(没有虚构)的反映。

311

早期的中国共产党人多由知识分子接受马克思主义,然后向工人、农民传播马克思主义而与工农相结合,从他们中可以找到各自的典型性。而苏兆征这样的早期共产党人,则是由一个道地的海员(工人)来往于世界海港而闻知十月革命的道路,得到马克思主义的灌输,又有着极大的典型性。

312

徐光启与利玛窦合译的《几何原本》前六卷,是在16、17世纪之交;李善兰与伟烈亚力合译的《几何原本》后九卷,是在1859年。经过两个半世纪,这部世界名著才以全貌出现于中国知识界,其中给人以何种启示?

313

中华民族的形成和发展,中国文化的演变和发展,都有个一与多的关系。以汉族为主体的中华民族是一,汉族和各兄弟民族是多。以汉族文化为主体吸收各民族文化和外来文化形成和发展起来的中国文化是一,儒、道、法、墨、名家和道、佛、回各教的并存是多。一是统一,多是多样,一中有多,多中有一,一多相容。只承认统一,不承认多样,或者只承认多样,不承认统一,都不能全面地说明连绵不断、繁衍发展的中华民族和中国文化。

314

传教士散播的西学,一是宗教福音书,一是应用科学和基础理论书。在清末的半个世纪中,前者主要通向下层社会,后者主要为中上层的知识界接受。

315

冯契同志说:"中国的真正教育革命是废科举、兴学堂。"我很同意这句话。

316

有位朋友看了《近代史思辨录》来信说,您好像有使不完的劲!我回信说:劲是有一些的,不是使不完,大概是"春蚕到死丝方尽"吧。

317

中国革命史,教师只能按照本本讲,学生要求按照历史讲,所以教师讲的学生不要听。

318

梁漱溟认为中国"如果没有外力进门,只顺着它自己历史向下演,它只能为一治一乱的循环,而不会有近代式的革命,清廷固然有一天要倒,但不过再出一个明太祖,而不会出孙中山"(《乡村建设理论》第335页)。论者以梁没有看到中国社会的变化,辛亥革命是阶级矛盾、民族矛盾的产物,但这没有难倒梁,因为梁认为这些社会变化也是"外力"诱发的。

319

顾亭林《五十初度》诗:"远路不须愁日暮,老年终自望河清。"姑不问"远路""河清"的含义,其乐观精神颇可取。

320

雍正禁教,把教堂改为关公庙;光绪维新,把祠宇变为学堂,这是历史的脚步。

321

殖民主义的文化侵略与文化传播是并行的。很久以来,我们只说侵略,怕说传播。

322

历史没有不可认识的,历史上的谜是在认识的过程中产生的。

323

胡适提倡以白话代文言,是他到美国六年(1916)才酝酿出来的。这年他写信给陈独秀说:"……今日欲为祖国造新文学,宜从输入西欧名著入手,使国中人士有所取法,有所观摩,然后乃有自己创造之新文学可言也。"他这种新文学、活文学主张,是他到了美国得到西方语言文学的借鉴而后提出来的,但与他同时在美国留学的任鸿隽、梅光迪却极力反对。没有新的环境、新的启迪很难有新的主张,但在同一个环境中不一定都能得到新的启迪而有新的主张,这是由于人们接受传统和自身的识力的不同。

324

"世治最不幸,不在贤者之下位而不能升,而在不贤者之在上位而无由降。"(《天演论》"导言十七")因为不贤驯服,可以无灾无难到公卿。

325

中西文化交流,流出的是古代文化,传入的是近代文化。

326

生理上的近亲繁殖,国人已知其害;政治上的近亲繁殖,行者并不觉其非,此为民主观念比科学知识在中国普及更难之一证。

327

康有为、章太炎乃至黄侃,他们都认为自己是五千年中国文化的传人,其实是封建道统观的延续,也是在西方文化的冲击下的自抗。

328

有种人的哲学:对刺不到他的人栽刺,对能刺到他的人就供花。

329

思想家的思想在于开风气(但开风气不为师),汇为富有冲击力的思潮,进而流为社会意识,就慢慢成了习惯势力。以进化论传入中国为例,到20世纪30年代,"物竞天择,适者生存",适应环境成为社会意识。

330

要用科学的态度对待马克思主义,不要用先验的说教来解释马克思主义。

331

康有为把进化论注入"公羊三世说",严复把中国的要求注入《天演论》,一个是使中学近代化,一个则是使西学中国化,都是为了对中国的改造。

332

生命是会衰老的,岁月和事业都是常青的,人生的价值在于追求常青。

333

两本有关外国的书对戊戌维新的影响很大:一本是严复的《天演论》,从理论上激发;一本是康有为的《日本变政考》,从实施中取法。

334

海运代替河运(指漕运),轮船淘汰沙船(道光年间集结上海的沙船3 000余艘,咸丰年间减至2 000余艘,70年代初仅存400余艘),是19世纪六七十年代运输业的一大兴革。

335

近代中国以前的思想主张和改革方案,都是为了维护那个封建社会的稳定性,改革者也无非是使其回到轻徭薄赋,家给户足(自给自足)的境界,以增强其稳定性。

336

"变其一,守其一",康有为这句有关改革的话未必无据,但终究是保守的。

337

到了近代,万里长城已抵御不了外敌的侵略,它只能以伟大的古建筑驰名于世。

338

灵感是诗人的主观世界和客观世界最愉快的邂逅。

339

把不配当副教授的人拉成了教授,教授的队伍壮大了,但在壮大中包含着贫困,这种贫困更可耻。

340

认真介绍西方文化和研究古代文化,必然产生出自己的合乎时代的文化。

341

20世纪初年的中国青年到日本去,30年代后期的中国青年到延安去,80年代的中国青年到美国去;前两回多是青年的自奋,后一回颇多父母之命。

342

在革命的年代里,胡适的文章多无是处;现在读来,他的治学文章多可参考,论政也不是完全无可取。

343

中国的近代学,一言以蔽之曰改造中国之学。一切革新者与封建顽固派争执的是要不要改造的问题,革命派与一切改良派争执的是局部还是全部改造的问题,马克思主义者与右的、"左"的斗争是怎样实现改造的问题。

344

康有为《大同书》中的"去家界",把一切自私的罪恶归之于家庭。晏阳初的"平教会"认为,中国人除家庭观念外,不知有别的,造成中国文化的停滞,所以要教育、改造家庭。

345

中国之所以糟到这种地步,胡适说是"贫穷、疾病、愚昧、贪污、扰乱"这"五鬼"所造成,晏阳初说"愚、弱、穷、私"四病所致。他们讲了现象,没有触到原因,不免倒因为果。

346

青年需要熟悉祖国,祖国也应该了解青年。

347

人们的认识不能不受时空的制约,却又要飞越自己的时空。

348

正确的观念常常是在发现和批评错误观念中产生的。

349

民族的反思,是在遭遇极大的困难中产生的。一百数十年来,中华民族的第一次反思是在鸦片战争后,渐知诸事不如人,只有学习西方;第二次反思开始于"五四"前后的新文化运动,何以学了西方仍然失败;第三次反思是在"文革"后,何以在大胜利中又大失误。困难和失败是新陈代谢的外因,反思是新陈代谢的内因。

350

近代中国的经济思想并没有形成像西方那样有体系的资产阶级经济学说,只有在传统的国计民生主张中汲取西方的某些资产阶级经济概念,仍然没有从政治思想和主张中脱颖而出。但我们在编著《近代中国经济思想史》时却要把它作为一个独立的学科来论述,所以表现为从政治思想体系中割裂出来的经济思想史。

351

"海派"是与"京派"相对待而言,在人们的心目中,京派是正统的,海派是非正统的。开始是以京、沪为代表,久而久之,成为全国文化、学术界的评比语,而海派的名声越来越不好,被视为野狐禅,或拆烂污,凡文化、学术上的不严肃与粗制滥造都叫海派。其实海派的原意,一是开新(不是创新),二是灵活性,反映了如何对待西方文化和传统文化的关系。在开新和灵活中不免沾染了庸俗和肤浅,遂成恶名。我们应发挥它的优势,避短扬长。

352

在这个世界上,既要昂首做人,也要会低头处世,不会低头处世就得挨鞭子。

353

从过去肯定的论证中找错,从过去否定的论证中找对,已成为思想界的风尚,这是"矫枉",也可能"过正"。

1986年

354

对于传统文化的变革,是在批判中吸收与在继承中扬弃交叉进行的长过程。

355

慈禧太后在清末一直被目为顽固派的总代表,她执政四十余年维系了清朝的统治,她死,清朝随之而亡。其实,她并不是太顽太固,而是很有些两面手法的,她任用了洋务派,对维新变法也不是一开始即反对,后来还篡夺了维新、立宪的旗号。她的信条是一个"权"字。

356

中国近代的民主思想并不是在传统思想中的民主观发展起来的,而是从《海国图志》《瀛环志略》介绍西方的民主制开始的。后来的进步思想家追述中国历史上的某些民主言论那是起于"中国古已有之"的论证,或者在受到西方民主思想的熏陶后再到中国文化中去寻根,如刘光汉的《中国民约精义》,是在深受卢梭《民约论》的影响下,才去阐发黄宗羲的《明夷待访录》的。

357

过去的"中国革命史",大都丰于革命而啬于史,说的是"中国革命",而不太像"中国革命史"。

358

过去说中国革命的道路是曲折的,是在民主革命实践中的认识,是对破坏一个旧世界的认识,却没有意识到革命胜利后的曲折,以及建设一个新世界的曲折。把革命的前景说得太满太美,前景到来了,迎来的是疑团和不满。

359

中国文化的形成和发展是一和多的结合,只有一没有多,一无活水,会枯萎;只有多没有一,则似散沙,无凝聚力。

360

个人的生命像大海里的一滴水,如果把这一滴水洒在绿荫成长的泥土上,它就会比一滴水大得许多。

361

三千年前的甲骨文,该是老古董了,可在安阳发现后的20世纪初年,却是新事物,蔚为"甲骨学",古董变今学。

362

艺术、科学、文化不要怕杂,好像生物界,杂了才有新的品种。

363

儒学在近代中国的命运有两个:当举起爱国主义的旗帜时它就交好运,传统是反对外国资本主义侵略的武器;当举起革新的旗帜时它就交厄运,传统是被批判的对象。

364

历史学就是要当好事后诸葛亮。

365

"身贫志不贫,卖艺不卖身。江湖路上客,走后留名声。"这是旧时黄梅调一类卖艺人的信条。

366

在困难中认识了他人,也检阅了自己。

367

严复从西学到中学,蔡元培从中学到西学,王国维则中西并进。

368

科学技术不是没有国界,而是在突破国界,它飞越太平洋,飞越大西洋,飞越喜马拉雅山,冲破每一条国境线。

369

有一种人的金字塔是用废话和谎言垒起来的。

370

没有过失的好人是少见的,不讳言才有信史。

371

大家庭在辛亥前后走向没落,鲁迅与瞿秋白两家很典型。鲁迅和瞿秋白却是没落中的新生命。

372

中国以往的历史,多为朝代递嬗,很少显示出阶段性来,与其说历史的进步,不如说是时代长流的绵延。

373

欧阳竟无提出"结论后之研究"的佛学研究法,认为佛法研究,皆是结论后之研究,而非研究后之结论(《今日之佛法研究》)。其实一切学说和科学上的结论都只是引向新的结论的先导。结论都有阶段性,认识是无穷的,也可以说都不是结论。

374

新近腾说的模糊历史是由模糊数学延伸而来,是鲜明历史观的反面,对"文革"的是非虽有"宜粗不宜细"的说法,可能恰是模糊历史的启导。

375

中外文化交流,古代,中国流出去的多;近代,西方流进来的多。

376

中国的封建社会,土地可以自由买卖,地主经济不变,地主是不断变换的;官职可以通过考试和其他途径取得,官僚政治是不变的,官僚是不断变换的,比起西欧的封建制来,富有弹性。但地主、官僚总要强调"世泽"。

377

在封建社会里,皇帝、贵族可以世袭,但只限于一个朝代,皇帝虽然不是个人的轮换,却是朝代的轮换,千百年世袭下来只有衍圣公。世袭世荫的观念却那么顽强。

378

著名的赵州桥、天坛的回音壁,始建者未必懂得拱桥的力学原理和声学原理,要后人来替他们回答。

379

学生的道路是求学而求业,清末以来的学生却是求学而革命。

380

编词书的人必须是经常查词书的人,才懂得搜集词目、取舍词目和解释词目。

381

甲午战前中国知识分子的新知,大多是通过香港、上海和出国的媒介取得,如王韬是由苏州甫里的乡村书生去上海、去香港、去欧洲而后完成其资产阶级改良思想的。甲午战后除以上媒介的扩大外,有很多知识分子则是从译书和报刊获得新知的。

382

戏剧和小说多集偶发事件而成,这些偶发事件又反映了它的必然。

383

无政府主义,在辛亥革命时伴随民主思潮而来,在"五四"前后混同社会主义而流传,到了大革命后就成了反动的政治流派。

384

鸦片战争前夕,中国又面临周期性改朝换代的时候,由于西方势力的侵入,改变了前此的轨道,中国在炮口下被迫进入近代,这就决定了中国近代社会的命运。

385

我们做过"一天二十年"的梦,得到的却是"二十年一天",那是说别人走了二十年,我们才走一天。

386

太平天国是农民战争,农民战争从来只是一种改朝换代的力量,并不是创建新生产的力量。

387

当你被诬指为"错误"的时候,你就坚持"错误"走下去,以回敬那些貌似正确的人。

388

要从你的视野之外取得在你视野之内的东西,才有丰富的内容。

389

我们的最大困难,就是封建的潜网编结在曾经是彻底地反封建的战士身上。

390

太平天国本来就是一种周期性改朝换代力量,但它身上挂满了反封建的花环。

391

学问,只有执着地"众里寻他千百度",才能出现"蓦然回首,那人却在、灯火阑珊处"的境界。

392

史学要从政治成败、阶级斗争和伟人活动等模式推开去,深入历史的社会生活。

393

外力可以窒息思潮而不能消除思潮。

394

太平天国以喜剧进入南京,而以南京城破的悲剧告终,在敌我力量的对比中有着深藏的社会原因。

395

太平天国在进入南京以后,潜在的封建基因日益滋长,成为新起的尚未成熟的封建政权与衰败中的清朝封建政权的对峙。自1860年起,以曾国藩为代表的汉族儒生军事力量已显著地给衰败中的清朝起着加固作用;而洪仁玕对杨韦事变后太平天国虽有所挽救,却没有收到重整旗鼓的实效。

396

民心即天心,民心不可丧失,这是历代政治家奉为圭臬的。试问我们的民心停留于中世纪的状态,我们是跟着这种民心起哄还是把他们引导到新的世界里来?这是近代中国政治家的重要课题。

397

在实现科学的社会主义的道路上,并不是每一步都是科学的,有的甚至离科学很远。

398

只读马克思主义的书绝不能发展马克思主义,要面向实际和读马克思主义以外的书,才有可能发展马克思主义。

399

错误,有的是不可避免的,有的是可以避免的;不可避免的错误有许多是愚昧和盲目造成的,少一些愚昧和盲目,不可避免的错误就会转化为可以避免的了。

400

1856年10月23日,英国兵舰越过虎门,次日向广州进犯,大炮隆隆,叶名琛安详地在"校场看乡试马箭",置警闻于不顾。马箭与大炮,西马縻各厘(英海军上将)与叶名琛,这是鸦片战争15年后中英在广州的较量。

401

鸦片战争八年后,咸丰当家了,一切交涉仍是要那些"夷酋"回到广东去,儿子比老子并没有什么长进。

402

近代中国就是别人无情地在改变我们,我们怎样对待改变,是有情地接受改变还是无情地抗拒改变?这就是中国的近代史,是一部变革与反变革的历史。

403

每个人都有个自己的"小王国",在这个"小王国"里,他是暴君,或者是懦夫。

404

"扶贫致富,送技术要放在第一位。"(胡耀邦的话,见《文汇报》1986年4月24日第1版)过去我们是送"宝书"放在第一位。

405

人们对于失败,常用不太真实的原因去搅乱真实的原因。

406

洋务运动是不成熟的工业革命,它向工业革命走了一两步。

407

园地铲除了鲜花,必然是杂草丛生,杂草比鲜花的适应力强。

408

太平天国被自己打败比被清军打败的要多。

409

顽固派总是挥着神圣的旗号迫使你回到老路上去。

410

不要以什么人说的来定是非,而应以他说些什么来定是非。

411

许多人身上是自尊与自卑的混合,近百年的中华民族是庞大的自尊与自卑的混合体。

412

"蟹行文字",我们的祖辈讥笑别人的文字横着走,没有想到仓颉造的圣字也横着走了。

413

中国的资产阶级回旋余地很少,开始是封建势力的压制,也遭到农民的反对(只有如张謇的老乡才不反对他),后来是工人阶级的反对。

414

受骗是愚蠢,骗人是奸恶,有受骗者而后有骗人者,愚蠢和奸恶都是社会之蠹。

415

阶级是对立的,生长阶级的土壤并不是对立的。

416

史学在于引导人们认识历史,认识社会,也要引导人们去认识历史年代里的自然界巨变,因为自然界的巨变常在毁灭社会,远者如1870年的长江大水,近者如1976年的唐山大地震。

417

胜利使人陶醉,失败使人警悟,陶醉引向失败,警悟引向胜利。

418

哲学上的飞跃不应该完全抹杀社会历史的渐进现象。

419

宁可因反对而招人嫌,不要因乞求而招人嫌。

420

革命在反对旧传统中逐步形成自己的传统,一旦形成了传统就为自己制造了框架。

421

一件小事情会引导历史的变革,乒乓外交即其一例。

422

世界永远是善恶美丑的奇妙结合,亿万年以后也不会出现只有美善而没有丑恶的天堂。

423

人们欢喜外貌丑陋的钟馗,因为他能捉鬼。

424

1948年春,于右任与孙科、李宗仁、程潜竞选副总统,没有充足的经费送礼,乃写了一千多幅"为万世开太平",送给向他求字的国大代表。报上说反映了于先生的博大胸怀,要是在过去必说是"为国民党送葬"。

425

章太炎"转俗成真""回真向俗"(见《菿汉微言》)的哲学命题是

实际（个别）—理论（抽象）—实际。

426

"辛丑"后的新政，是慈禧看到人民要起来掀清朝的屋顶了，她赶快开个窗洞。

427

我们的革命是在改造社会，但社会也在改造我们的革命。

428

人，看到了明天的曙光，他就会向昨天告别。

429

舢板与轮船不是东西文化的差别，而是历史进程上的差别，我们应该研究的是，为什么会产生这种历史进程上的差别。

430

对比是横向的，差距产生于纵向发展之中。

431

不管人们说我有多大的过失，只要我对青年的成长有过一点热情和帮助，我就心满意足了。

432

从历史探测现实，从现实追溯历史，不只是历史学家"通古今之变"的必然要求,也是实际工作者观察和处理问题的重要方法。

433

牛郎织女的故事不知从何时传开的(《古诗十九首》的"迢迢牵牛星,皎皎河汉女"之前早就有了),我们现在把它作为"两地分居"的代号,其实它是男耕女织朝朝暮暮在一起的社会象征。

434

理性是现实的反思,理想是理性的远景。

435

新的经济领域的开拓,应该导向政治的变革,洋务运动把政治变革留给了维新派,它自己被"中体"堵住了。

436

僵化了的传统文化,没有引进(外来媒触)就不能推陈出新,只能推陈出陈。

437

可以说清楚的事而不让你说清楚,那就沉默,永久的沉默。

438

当被一种偏见劫持的时候,就不会有"实事",更不可能"求是"。

439

环境创造人,人也创造环境。人在创造近代化中成为近代人,有了近代化的环境就会使人普遍近代化。

440

狠狠地把人击伤了,人们却看不到伤痕,那是以"理"杀人之类。

441

清末的会党,是商品经济在逐步破坏自然经济中被抛出来的人群,义和团反对洋货就反映了这种情况。

442

迂回的革命来自迂回的社会。

443

怎样认识海洋和逾越海洋,是横在19世纪中国人面前的巨大课题,《海录》《海国四说》和《海国图志》《瀛环志略》等书都是为此发愤而作。

444

人类的边疆远远大于祖国的边疆,可是在人的胸怀里,祖国的边疆远远大于人类的边疆。

445

我们的信仰受到最大的愚弄,第一次是"大跃进",第二次是"文化大革命"。

446

邪恶的东西来干预正常的生活,总是以神圣的语言为前导。

447

"哲学家们只是用不同的方式解释世界,而问题在于改变世界。"(《关于费尔巴哈的提纲》)按照这个原理,在近代中国,洋务派是开始了做"改变"的工作。

448

冯骥才的中篇小说《三寸金莲》有很大反响,因为它刻画了落后的审美观造成的妇女苦难史。其中的天足会会长透出了解放的曙光,这个会长的原型应是康有为。

449

受到信仰的愚弄,信仰就再也回复不到原来的地位了。

450

逻辑推理来源于事物,在运用中却常常远离事物。

451

为了坑害别人,有一类人什么手法都使用得出来,最重要的手法是笑脸相迎,袖里藏刀。

452

中间路线是一个不稳定的分化中的存在体,它的主张尽管多是幻想,但有的包含于后来认为是正确的内容中,也有它所反对的正是后来指出应该回避的东西。

453

鲁迅在《狂人日记》中,宣布"我"不仅"被吃",也参与了"吃人"。"文革"时遍地都是"吃人"和"被吃"的"我",上午"吃人",下午"被吃";一边"吃人",一边"被吃"。

454

要求做真人则可,要求做完人很难,因为世界上有真人,不一定有完人。

455

政治手段的强制行为发挥至极端时,社会经济生活就会自动起来抵制这种行为。

456

在新旧文化的递嬗中,有些不该剥落的民族文化被剥落了。

457

19世纪的中国,一只脚徐徐伸向近代,另一只脚却仍被堵住在中世纪的门内,尽管用力拔,那只脚还是中世纪的。

458

"不患寡而患不均",从土地革命开始就在求"均","大跃进"与"文革""均"到了极点,"文革"后才大悟:"不患不均而患寡",因为"可均"的东西愈来愈少,"中国之患在贫"。

459

"文革"时的造反派,不是造反派而是造神派,砸掉小庙小神,造成一个独一真神。

460

毛泽东的伟大是民族的,时代的,他晚年的错误是民族的,不是时代的。

461

"人民怕官,官怕皇帝,所以那时他们还能维持现状。"(孙中山语)一到人民不大怕官,官不大怕皇帝的时候,他们就不能维持了。

462

怪诞的"文化大革命"有两个因素,一是封建遗毒的再现,一是无产阶级专政形成的独裁制的膨胀。前者是内在的,后者是外来的,所以"文革"是中外也是古今的恶性结合。

463

中国有过多少山水画，又有过多少山水诗，可在近代以前，却没有大海大洋的画，也没有大海大洋的诗。

464

如果早20年、30年为王实味洗冤，以后就不会那么多沉落的"王实味"。（新编的《毛泽东著作选读》中，对王实味的注释说："关于他是暗藏的国民党探子、特务一事，据查，不能成立。"）

465

"逆境当然是一个了不起的先生"（卢梭《一个孤独的散步者的遐想》中的话），只是青壮年的先生，对老年却是追不回的逝波。

466

民国成立时称新时期，1927年大革命时称新时期，1949年全国解放后更是新时期，现在是"文革"后的10年又称新时期，差不多20年左右就要"新"一下，因为前面没有新得起来，才有后头的又一次新。

467

讲述历史总是从历史推向现在，思考问题则是从现在追溯历史。

468

是在发扬传统文化的基础上吸收外来文化以建立中国的现代文

化,还是在开放、引进的基础上改革传统文化以建立中国的现代文化?

469

大冲击后的社会有逆流,也有回澜;逆流是对冲击的忏悔,回澜是对冲击的慎思。

470

我喜欢上了年纪的人剩下来的是心平气和,但我也喜欢生姜越老越辣的性格。

471

为了掩饰一个错误,就会铸成更多更大的错误。

472

先走一步就是异端。

473

变革对每个人每件事不可能都有思想准备,总有这样或那样的强制性。

474

人们怕忘本,我想有些本忘了也好。

475

中国的近代化是从引进军事技术开始的,在近代化的过程中,军队的近代化也比其他事物的速度要快。因为统治者对新的军事装备比对新的生产技术更有兴趣,最顽固的军阀也要取得最新的军事装备。

476

探索自己不懂的东西才能积累知识。

477

脸上绽开笑容,心里却在哭泣的人们永远不会消失。

478

沈钧儒是清朝最后一届(1904年)会试的进士,这条路规定了他只能做立宪派,但激荡的时局又引导他走上了民主爱国和赞同马克思主义的道路。

479

我们的难处是:要由不太现代化的人去完成非常现代化的事,要在现代化中化人,要借助他山之石。

480

有人说"家是世事纷纭中的避风港",在"左"的路线下,家也成了风波亭。

481

当一般都提高了以后,原来的特殊也就降为一般了。

482

文化思想上最没有出息是照搬照抄,但模仿又往往是创作的前导。

483

对于西方的民主选举,在我们这里不是变为猪仔议员,就被指责为一无是处的虚伪。

484

中国人的治学,大体有两种倾向:一是比较纯学术的,一是主张"经世致用"。经世思想是意识形态中最活跃的部分,因为一切文化都是社会需要和经世的产物,所谓纯学术也只是经世思想的异化。马克思主义要解放全人类,是最大的经世学派。

485

等级制不是阶级,是阶级的分割;森严的等级制是仍没有摆脱王臣公、公臣大夫、大夫臣士、士臣庶人的框架。

486

香港的地摊上,摆着许多陈旧小玩艺和裸体画,还有毛泽东大像章,它们多么不协调,却在这里走到了一起。

1987 年

487

没有超然于人我的历史著作,史著都是客观要求作用于主观认识的产物。

488

这两年又来了一股新儒学的思潮,其实儒学已经"新"过了好多代,这只能说它自身附会时代之新,绝不是引导和发展社会之新。

489

绕着圈子走路的人,永远也走不出新路来。"譬如赛跑,至少总得有两个人,如果不许有第二人入场,则先在的一个永远是第一名,无论他怎样蹩脚。"(鲁迅语)这还能有奇迹吗?

490

革命传统是对抗几千年的老传统而出现的,到后来革命传统也会以保卫老传统的面孔而出现,不信,请看近年的孔子研究会和新儒学。

491

丑陋的中国人和勤劳勇敢的中国人是并存的,不只是分别表现于不同的中国人身上,也表现于同一个中国人身上。

492

当你在信任的时候,也就是容易受骗的时候。

493

日本的大化革新是"全盘中化"(汉化),但没有把科举制度化去。

494

科举制度是造官机器。

495

任何一个新的思想要成为一种物质力量,就必须成为社会意识。要改造国民性,在很大程度上就是要改掉民族的落后社会意识。科学观念和意识的改变是比较容易的,但改变社会意识就非常困难。

496

玉佛寺的素食很有名气,我去吃了一席,许多菜品是仿荤(豆制品的肉片、鸡片和鳝鱼),可见和尚从没有忘记吃荤,难怪现在派生了科级、处级和尚。

497

往往有这种情形:做了官,人性就少了,官愈大人性就愈少,等他退休了,人性才能慢慢恢复。

498

事件正在发作的时候,人们并不能说出它的真实原因。当局者迷。

499

杜月笙本来是扎裤短打装束,后来阔了,成了海上闻人,可他的服饰不是变为租界里的西装革履,而是变为汉官威仪的长袍马褂。

500

坚持四项基本原则和坚持开放改革的二重奏,要奏得很和谐,不是一重高、一重低,那要有政治家的身手,哲学家的头脑,艺术家的天才。

501

地方志是中国传统文化之一,它是由地入史,以史经世,从自然始并不引向对自然的探讨,而是引向为政者的参考。

502

"民主"这个词好像又有点犯忌讳,报刊上忽然少见了,看来它是一个永恒性命题。

503

义和团是被落后的生产和意识扭曲了的正义斗争形象。

504

义和团的落后性通过正义的斗争表现它的合理存在。

505

曾国藩是封建传统的忠诚捍卫者,然而恰恰从他身上开始展现了传统的裂口。

506

李鸿章游孔林时说:"孔子不会打洋枪,今不足贵也。"那是说孔子过时了。

507

两种听任:曾国藩最后一年的日记中记道:"内人病日危笃,儿辈请洋人诊视,心甚非之而姑听之。"孙中山素不信中医,病危时,宋庆龄与左右请中医为之视脉,脸转过去而任之。

508

义和团不是民族的觉醒,但它促进了民族的觉醒。

509

人选择历史,历史也选择人。洪秀全、康有为、孙中山都选择了历史,但历史却选择了曾国藩、西太后和袁世凯。

510

经验使人聪明,也使人愚蠢。

511

混的怕横的,横的怕不要命的,所以世多亡命之徒。

512

许多事物在悄悄中出现,一旦被人发觉了它的妙用,就会成为高声叫卖的奇货,假货也随之而来。

513

废科举,兴学堂,是在假"新政"中发生的真变革。

514

埋藏于历史最深处的是非,只有在扫除沉滓时才能见到。

515

政治上强调的东西,常常不是能用哲学的语言说清楚的。

516

人类历史上开过许多花,有科学之花,有艺术之花,有政治之花,反对中世纪黑暗统治的西方民主制度不能说不是一朵花,尽管后来有更鲜艳的品种。

517

政治道德堕落,要改善职业道德、社会道德虽不是缘木求鱼,却也是进退为难的。

518

中国人的"天朝意识"和"世界意识"的互为消长,是闭关与开放的两重奏。

519

公式是从规律中来,但不能把公式当作规律,因为它已经概念化了。

520

人们常常是在违背规律遭到严惩之后才去认识规律的。

521

国旗、国徽是图腾的近代化。

522

"中国不能行使自己的主权,它只能在其他国家允许的范围内行使主权。"这是一句最能说明半殖民地性质的话。

523

"好像每个人都害怕别的人。"(辛亥时的社会心理)

524

"革命党人不信任袁世凯,认为他是清朝的支柱;满人也不信任他,认为他在策划倾覆清朝的阴谋。"(《清末民初政情内幕》上册第800页)反过来也使革命党人看到了清朝士大夫对袁的不信任,清朝士大夫看到了革命党人对袁的不信任,对立面的不信任正是自己的可以信任,所以袁世凯在参议会上以17票(全票)当选了大总统。

525

康有为由历史进化观推论出了一个"一一生花界,人人现佛身"的大同世界。怎样大同?是"去九界"。怎样"去"?就糊涂了。

526

历史的创造者要求是这样,可是历史的自身还会有那样,这叫作不以人们的主观意志为转移,所以租界也有两重性。

527

该改变的事物改变不了,该淘汰的东西迟迟不能淘汰,这就是历史的惰性。凡传统都有惰性,马克思主义也不例外,以时间、地点、条件为转移的马克思主义哲学是医治惰性的,但马克思主义者并不能完全认识和掌握这种转移。

528

袁世凯的一条辫子与大总统是等价交换。

529

诗不是史,诗中有史,是社会在心灵中的跳动。

530

土地改革改变了封建土地所有制,并没有触动自给自足的小农经济,而是平均地满足了小农的土地要求。

531

民族主义是动物界的群居本能的升华,"兄弟阋于墙,外御其侮"和"血浓于水"都是本能而不是理性的表现。

532

要从偶像崇拜中找回来曾经失落了的自我、失落了的人的世界,这是"五四"精神之一。

533

政治、文化随着经济、物质的变动而变动,但是政治、文化的复旧常见,经济、物质的复旧不常见,停滞的现象则有之。

534

任何个人产生的观念都是一种社会意识,即使萌发中的先进观念,也只是人们尚未触到而你首先触到的社会意识。

535

理论必须与具体实际相结合才有活力,这是普遍规律,怎样结合可能因地而异,则是特殊规律,只有僵硬的公式主义者到处硬套。

536

没有"实事"不能"求是";不尊重"实事",更求不到"是"。

537

"我来问道无余说,云在青天水在瓶。"这两句禅偈词,无非是任其自然罢了。

538

改革不可能没有权力之争,因为它将触动一部分人的既得权力;改革者为了贯彻改革也不能不掌握权力。

539

杜甫的"闻道长安似弈棋"句,是颇为伤感的,如果棋是改进和胜利的一着,我想杜老先生会破涕为笑。

540

一件成功的产品进入市场后,随之而来的就是仿制与假冒。仿制是公开的,是一种追求,人们赞其能够"乱真";假冒是偷窃,同于盗匪,它的最高境界则是大奸若忠。

541

对学问要"不疑处有疑"(胡适)才能发展,也要在"有疑处不疑"(杜威)才能测验自己的识力。

542

尼采哲学久被谳为法西斯思想的先导一语骂尽。但在王国维译介尼采哲学后的二三十年间,梁启超、章太炎、陈独秀、鲁迅、郭沫若等曾经对尼采都有过好感,似乎想从他的身上找到什么力量。

543

把假话说得比真话还真,只有傻子相信。

544

一切新观念都是在一片反对声中取代旧观念的。

545

"一点不差,不能差一点。"一个铁路职工这样说。"差不多先生"也在变了。

546

没有未来,谁去写历史?写历史都是为了现在与未来。

547

西太后制服了一个又一个政敌,她总想有朝一日对付一下洋鬼子出口气,义和团的刀枪不入失效她才死了心,也要跟着洋鬼子去维新了。

548

1937年11月叶挺以新四军军长名义向记者发表谈话,他说:"日本顶怕我们的就是团结,而顶希望我们的就是涣散。凡是日本怕的,我们就要去做;凡是日本希望的,就要避免。这是致胜的道理。"(见《革命史资料》第6期)按此话后来发展为"凡是敌人反对的我们就要拥护;凡是敌人拥护的我们就要反对"。

549

火车是近代化的使者,它开到哪里,哪里沉睡的人民和土地就会跳起舞来。(车经湘西的怀化、麻阳、吉首、古丈、大庸想起)

550

新儒学是时代和社会新了它,不是它新了时代和社会。

551

由陶文浚到陶知行,再由陶知行到陶行知,反映了20世纪前期中国知识界认识转变的历程。

552

历史是螺旋地前进,我们的历史螺旋得太多了。

553

读了江苏人民出版社出版的《宋庆龄》,觉得是把她的政治活动连缀起来的,而不是从她的生活连缀其政治活动的。

554

孔夫子,"五四"以来是个最大的打倒对象,现在是个最大的统战对象。孔夫子没有变,是我们在变。

555

张大千在民初的画名是仿造石涛,以假乱真,愚弄了当时著名的收藏家和鉴赏家,然后而有自己的作品。

556

最忠实的家臣可能是最不忠实的公仆。中国有家臣的传统而没有公仆的传统。

557

解放前是历史领着人去改造,解放后是人领着历史在改造,人领着历史比历史领着人改造的失误要多,因为人老想超越历史。

558

"勇于敢则杀,勇于不敢则活"(老子语),而杀者得英名,活者享实惠。现在是"勇于敢"和"勇于不敢"的结合,既获英名又享实惠。

559

随洋务运动的军事技术、生产技术的近代化而来的,就是政治社会思想的近代化和哲学思想的近代化。

560

康有为何以在晚年称"天游化人"？他在《诸天讲·自序》中说："吾人生于星中,即生于天上,然则吾地上人皆天上人也。"既然"地上人"皆"天上人",人都在"天游",所以他康有为是"天游化人"。

561

康有为在《长兴学记》中提出的"逆而强学者智"的命题,认为："人所以异于人者,在勉强学问而已。夫勉强为学,务在逆乎常纬。"这是他从教育入手在思想上为维新变法做的重要准备。

562

"历史之一大秘密,乃在一个人之个性,何以能扩充为一时代一集团之共性？与夫一时代一集团之共性,何以能寄现于一个人之个性。"(梁启超《中国历史研究法》第六章)这话的前者是说少数个人的先进思想散播为社会思想；后者则是说一个时代、一个集团的思想必然依托于个人,甚至那个时代那个集团已经过去了,其思想仍留存于许多个人。

563

知识并不创造物质,只是改造物质,但改造了的物质具有创造性。

564

"世胄蹑高位,英俊沉下僚。"(左思《咏史》句)这是南北朝门阀制度的写实。不仅南北朝如此,南北朝门阀制度推翻了,又产生后一个朝代的"世胄"。清朝有八旗子弟,民国也有"世胄",很快被斩了。

565

写人物要表现两个"我":一个是所写对象的我,要把所写对象这个人写出来;另一个"我"是作者自己,要看得出是我写的,而不是任何其他人写的。

566

从变革中求不变(新的稳定),变不是目的。

567

"青山有路,在晚霞深处。"这是两句体验老年人胸怀而很有意境的诗。

568

知识的近代化萌芽于林、魏,发轫于洋务运动,突破于维新时期,到 20 世纪初年中国才有近代知识分子群。

569

历史只告诉你过去是怎样做的,可是现在人们朝思暮想的是现在和将来怎样做,所以《走向未来丛书》不胫而走,青年史学工作者特别叫唤史学危机。

570

不要叹息,不要流泪,只要有人群的地方,就会有欢笑,就会有歌声。

571

过去对太平天国论述的错误,主要是把自发写成了自觉。

572

魏源说了"变古愈尽,便民愈甚"的话,拿什么来变他没有明晰的认识,我们可以拿他另一句话"师夷之长技"来回答,这两个思想魏源没有联系起来,后头的人才能联系起来。

573

怕事怕死的人多,所以亡命之徒到处得逞。

574

革命者破浪前进,不顾风险;改革家摸着石头过河,唯恐遇风险。

575

书、文章要有精神压力,令人去思考。中国需要这样的书和文章,鲁迅所以不朽。

576

人类在漫长的岁月中是自然界的奴仆,做自然的主人是在产业革命、科学技术高度发达了以后,是征服自然,现在已是由征服而榨取了,也就遭到自然界的报复。可是中国还没有真正做上自然界的主人,已经吃到报复的苦头。因为我们对自然有的不是征服而是破坏。

577

"文化大革命"揭示了历史对现实的干预,反过来现实又严酷地检验了历史。

578

教书、写书、学生是我的支柱,离开了这些,我就不存在了。

579

先问问新名词的意义,不要一碰到新名词就跳。

580

自然和社会发生的紊乱,看似偶然,其实每一个紊乱都有其内在的必然。

581

近代中国的广东和湖南涌出了大批卓越的人物,但有所不同,广东是拿进来(对西方文化),湖南是冲出去(对传统文化),拿进来和冲出去是中国创造近代文化的出发点。

1988 年

582

生活在现代的人不一定就是现代人,可能还是个过去式,很远的过去。

583

解放前报上常可看到"民主在哭泣"的话,现在,民主是经常被考验。

584

中国不是走出中世纪,而是被轰出中世纪的。

585

尽管封建是那样顽梗,但一百多年来没有完全不被溶解的封建固体,只是溶解的先后和程度不一。

586

最可怕的是旧的伦理道德转化为新的政治道德。

587

应世哲学有实用价值,不一定是自己的信仰。

588

"行无愧怍心常坦,身处艰难气若虹。"这副对联是30年代初,陈独秀在狱中,刘海粟探监,携宣纸笔墨请陈写的,颇能反映陈独秀当时的心怀。

589

反洋教斗争的群众性、爱国主义掩盖了愚昧。

590

禁宰耕牛,老农不忍食死亡耕牛的肉,是农业文化的分泌。

591

人在改造环境、塑造建筑,改造了的环境和塑造的建筑又在改造人、塑造人。

592

十年来的反思打开了开放改革之路,但不是一切反思都准确,也需要一点反思的反思,或者叫反反思。

593

官僚主义是随同传统的官僚政治而来,这个传统膨胀得吓人,一是官僚的数字按人口比例也是超越古今中外的,二是官僚主义已膨胀到了无孔不入。

594

没有反对的声音,就不可能有完善的思想内容。

595

反思不是复旧,但渣滓常伴随反思而来,要由反反思澄清。

596

文明史中大嚷大轰的分歧与对抗,都是文明史远景的补充。

597

不了解国情可怕,被国情俘虏更可怕。

598

乞丐与贫困是同义语,产生乞丐却不是贫困,而是社会有了剩余;卖淫也不是产生于卖,而是有了买者。

599

反思不是翻烧饼。

600

大学生受许多老师的熏陶,他们有多种选择。研究生归一个指导教师包办,如果导师不是循循善诱,一味照自己的模式塑造,未必能青出于蓝,可能仍是蓝,也可能由青变蓝。

601

没有十字路就没有自己的路,自己的路是从十字路口走出来的。

602

捏造罪名只能得逞于一时,夸大错误却是长期的迷惑。

603

当这里走向极端而受到惩罚的时候,那里却在困心衡虑中接受教训而获得了挽救,这是世界范围的两种历史反思,由不同一性中产生了同一性。

604

布哈林在将被死神召唤之前,写了《致未来一代党的领导人》遗书,他相信下一代不会同他那一代是同一种心态。

605

动物园里的老虎会失去虎性,因为它的饲养员是人不是大自然。

606

谣言常伴随名声的翅膀起飞,"高明之家,鬼瞰其室"。

607

从旧的束缚中发出的反弹力是惊人的,但"反"的作用是有限度的,最终要回到和发挥自身的弹力上来。

608

反思是新旧生活递嬗的动力。

609

"车到山头总有路","路到尽头便挖洞"。前一句展示希望,后一句表示意志,人生是希望和意志的融合。

610

瞬息中有永恒,艺术家、政治家捕捉的瞬息就是永恒。

611

信息在流动,谁抓住它就抓住了科学,抓住了财富。

612

屏幕上的世界是渺小的,也是广大的;是虚幻的,也是真实的。它是广大与渺小,真实与虚幻奇妙的结合。

613

"日本人虽然打进来,占了上海,可伊没本事把上海搬到日本去。"黄金荣说出这样一句话,所以他没有落水当汉奸。

614

当权者往往喜欢听一个声音,真理却来自多种声音,至少要有反对者的声音。

615

"左"的思维抛弃了传统,医治"左"的创伤有回归,回归是扬弃中的保留。

616

知识在于提出问题和回答问题,怎样提出问题需要更富裕的知识。

617

有物质文化,有观念文化,物质文化也有心灵的颤动,这是文化现象与自然现象的泾渭。

618

现在有许多事不是知(理论)的问题而是行的问题,为什么不能起而行?或者行而不通。似乎还是"知易行难"的古训。

619

从16世纪后期中国就有走出中世纪的现象。然而走不出,直到别人的大炮打来才被轰出中世纪。

620

地狱之门砸开了,严凤英从地狱里被引进天堂之路,她又在施展才艺的盛年死于天堂里的地狱。(看电视连续剧《严凤英》想起)

621

一个刊物提出要当代史学家回答十题,其中一题是"您认为不学历史的最大害处",我是这样回答:"不学历史一样吃饭,学了历史饭可能吃得好一点。"这样写,人们会觉得滑稽,乃改为:"缺乏历史知识的行为是盲目的,盲目性给个人与社会都会带来损害。"

622

什么叫知识分子?应该说他们是站起来思考着的人。

623

智慧与权力两者不可得兼,宁舍权力而取智慧,因为权力是临时的,智慧是永恒的。

624

说假话的人说真话也没有人听,说真话的人谎言也可乱真。

625

历史的阶段性是历史的转折,不应是历史的分割。

626

"龙的传人"是神话,是歌唱,不是历史。

627

"在一台凶恶的机器面前,我感到自己无能为力。这台机器大概借助于中世纪的方法,攫取了巨大的权力,炮制着有组织的主张,厚颜无耻地在采取行动。"(布哈林《致未来一代党的领导人》)时代已经走出了中世纪,可是比中世纪还狠毒的权力又回到了当代的一些权力者手里。

628

"新旧如环",环者圆圈也,但它不是循环的圆圈,乃是新旧不断的起承转合的圆圈。

629

没有难度就不会有特色,更谈不上创新。

630

不要怕反对,反对得对,纠正了我的错误;反对得不对,别人将会反对他。

631

不为历史现象所迷惑,不为议论家捉弄,要有一双治史的眼睛。

632

从曾国藩到康有为等人都是从内心的分裂引向社会的分裂。

633

子孙与父祖的代沟在以往只是成长与衰退的生物现象,到了近代,子孙与父祖的代沟除了生物的现象之外,更多的是来自外界的刺激和文化的渗透,它会越过生物现象的年龄界限。

634

那些西学原义和词语一旦打上"中国特色"的印记,就面目全非了。

635

宏观与微观的结合,应是宏观中能具体,微观中有通识。

636

历史的回归终究是后人的重塑。

637

一流为多,多归于一。

638

民族矛盾掩盖新旧矛盾,反洋教斗争和义和团运动反映得最为突出,上海拆毁吴淞铁路及其他不少华洋冲突也类此。

639

近日"议价儿子"对计划生育的冲击,最是具体而微地反映了中国人的传统心态。

640

只说儒学的惰性,是百数十年来新旧冲突中新派的通识,其实儒学有其理性的内容,特别是其修补功能,周期性的大动荡之后,都是有赖于儒学的安抚。

641

"矫枉过正",是一种历史现象;"矫枉必须过正",则是毛泽东的主观精神。

642

丁玲在80年代写了两部回忆录,一本是写30年代经历的《魍魉世界》,一本是反映60年代生活的《风雪人间》,其实"风雪"之中、之后都有"魍魉"。

643

政治需要智慧,但又欢喜愚昧。

644

智慧启迪愚昧,不愚昧却常常被愚昧包围,"大跃进"是一例,"文革"又是一例。

645

舞台上正角之外有丑角,丑也是一种美。

646

人事的新旧更替,机构的新旧更替,并不与思想上的新旧交替同步。

647

4月1日为西方愚人节,这一天可以用任何谎言骗人,如牛细胞与番茄杂交成功之类。"大跃进"亩产一万斤、五万斤,却不是愚人节的愚。

648

要民主的混乱还是要专制的秩序,是辛亥革命后对袁世凯的选择。

649

洪秀全的思想事实上是以儒学为根基揉进基督教的内容(特别是仪式)而成,是近代新儒学的发端,其后是康有为用进化论改造的儒学,再后是"五四"以后的各家新儒家。这些新儒学,有的曾经在吸取西学中改造自己,也触动了对中国社会的改造;有的是在中西文化的比较和各种社会思潮的困惑中阐发了儒家和民族的传统精神,各有其社会效果。今天的新儒学是"五四"后各家新儒学的继续,是以反思的形式带着挽救思想危机的愿望出现的。曾经长期作为统治思想有过深远影响的儒学,为了适应社会变革的新形势,对它进行新的注释,并唤起人们尊重那些不该失去的传统,这是社会思想转变和发展的必要补充。但新儒学不是现代化的改革和开放的精神支柱,而是现代化的改革和开放对儒学注射的现代意识;它不是具有指导意义的思想超前,而是反思中浮现的思想回归,回归只是扬弃中的保留。

650

"学外国织帽子的方法,要织中国的帽子。"(毛泽东《同音乐工作者的谈话》)也要以外国的方法变中国的帽子。

651

工业经济、民主政治和民族主义是近代世界的三大潮流,中国在这三大潮流中载浮载沉。

652

清末因地方自治的掀起而有自治风潮,诸如反对调查户口、钉门牌之类,叫作"打新法"。"打新法"也是一种"民意"。

653

了解和掌握国情,主要是要认识和熟悉社会(经济生活和社会风情)。现在兴修的地方志,仍跳不出政治史的传统思绪,而没有把目光投到社会的各个层面上去。

654

神圣的法宝不一定都神圣,罪恶的东西未必全是罪恶。

655

孙中山后来常以让位袁世凯为一大失误;清监国摄政王载沣在退位后的40个春秋中,也常追悔罢了袁世凯的官没有把他除掉。正反两面都视袁为政敌,却都没有奈何他,是孙、沣的失误还是权力的牵制?

656

说教者的说教,他自己都相信吗?

657

在人类文化的发展史上,民主和科学是相辅而行的,科学是民主的基石,民主是科学的导体。

658

丑陋就是要曝光,使大家见其丑陋。所以官僚主义分子最怕见报,怕曝光。

659

近代中国,民主运动服从民族运动(反帝)是有阶段性的;民族运动服从民主运动是时代的持久要求。

660

儒学是抗拒腐败的,但儒学的官僚政治是不可抑制的腐化剂。

661

"靠山吃山,靠水吃水"是自给自足自然经济的律例,没有环境保护,只顾吃下去,山会变秃,水族也会绝迹。

662

一户一村都有围子,万里长城是个大围子。

663

生物化石是由现在变为过去,返祖现象则是过去回到现在,它们却在巨大的时代间隔中对话。

664

不要把发当作头,要从头说起,不能从发说起。虽然头上必有发,但发可以脱落而飘散头外。

665

鸽子称和平鸽,典出《圣经》,早已成为世界意识,谁会说它是"西化"?

666

北方侠义,江南名士,明清间这种南北风尚的歧趋和士大夫心态的不平衡,是由地区经济生活的差异而来。

667

克强先生不是一个思想家和学者,但他的民主思想、军事思想、教育思想以及兴建实业的主张,均有足述者。尤其他以宽厚的品德,生前与死后都为人敬仰。自民国以来的军人中,只有朱老总可以与之媲美。

668

毛泽东该打倒的地方还没有打光,但他有永远打不倒的东西。(1988年9月26日夜对研究生说的话)

669

日本对煤和铁矿砂的需求应该受制于汉冶萍公司,相反,汉冶萍却以债台高筑受制于日本,经济乎?政治乎?

670

绅商(由商而绅、由绅而商)和乡绅是官与民的中介,前者多在市,后者多在乡;前者与工商业结缘,后者与宗法、地租联姻,从他们身上可以捕捉到中国近代社会的脉络。

671

谣言为什么会不胫而走?除了人们道听途说的习性外,也因为它有过这样和那样的影踪,所以小说的虚构会给人以真实感。

672

慈禧在朝内主政 40 余年,李鸿章在朝外执政 40 年,赫德以总税司干政 50 年,构成了晚清的政治格局,而李鸿章则是朝内朝外、国内国外的纽带。

673

教育救国的时代过去了,应该是国救教育了。

674

包拯死去快一千年了,似乎他的时代还未过去,人们仍希望有现在的包拯。(1988 年 10 月 9 日参观包祠)

675

没有官是无政府,可从古到今,人民都不太喜欢官,官是一种祸害。

676

不能用传统编织现在,要由现在编织现在,但传统是其基因。

677

被吸收、被消化的东西,也将改变吸收者和消化者(如儒学之吸收禅学)。

678

改造消极的东西为积极的东西,条件变了,积极又会回到消极。

679

就事物中的变与常的关系来说,转型期的变态比持久的常态更需要研究。但不懂得常也说明不了变。

680

许多人物的思想是这样,而行为又是那样。因此,就事论事很难获得真认识,要有心态分析。

681

人们计算长度随着世界范围的延伸而延伸,过去以围绕地球计算,现在开始了以地球—月球的来回计算(《来自脚绊裙的启示》,载

《文汇读书周报》第191号,1988年10月22日第4版)。

682

在实际生活中先有社会史(社会结构、社会现象的记载),而后有社会学,学科的形成却是先有社会学而后有社会史。

683

自己做错了是自己这一代的事,却要推到老祖宗身上去,又找到两千几百年前创立儒家学说的孔子身上去,因为事隔百代,尚有他们的社会基因。

684

不能再由孔夫子指挥今天,也不是用今天去改造孔夫子,应是从时代出发对孔夫子及其儒家予以取舍。这就是传统与现实的关系。

685

20世纪的中国就是这样,讨厌资本主义,又摆脱不了资本主义;憧憬社会主义,又离不开民主主义,两者纠缠在一起。

686

社会学与社会史是现状与历史的关系。

687

中国军事的近代化是从武器开始的,由武器推向训练、兵种和战术、战略,清末新军是近代化的关键,辛亥以后只是在这个基础上的增损。直到原子武器和国防现代化的研求,军事上才又一次大的突破,从近代化跃向现代化。

688

在软卧车厢里的人,一直被服务员奉为长官,今天我第一次听到叫"老师傅"的声音,这个"老师傅"应作老司务,车厢里的社会在变。(1988年11月8日沪广车上)

689

改造了传统文化的特点,才有中国现代文化的特点。

690

有许多传统的习惯势力不是被改革运动摧毁,而是它们在改变和腐蚀改革运动。

691

曾经尊重朴素的阶级感情,是为了发挥人们的组织战斗作用,但掩盖了小生产的愚昧性。

692

由传统社会进入近代社会,必然是对传统的最大削弱,不是铲除。但传统老人总不愿被削弱。

693

康有为在万木草堂讲大同学,禁止生徒外传,说"思必出位,行必素位"。那末他的《大同书》是"出位",而《戊戌奏稿》则是"素位"了。前者与后者当是思想家和实行家的差别。

694

传统不是一成不变,它是在地缘和血缘及其生产关系中一步步形成起来的,由一个轴心缓慢地积聚而流动,但有其凝定性,没有凝定就不能成其为传统。它的凝定性大于流动性,所以对传统的改造往往不能依靠它自身的流动,需要新的或外来的冲击力。

695

任何一个民族或国家的文化,或者某一个文化类型,它的发展都离不开继承、吸收和创新的道路。因为一切创新都不能抛弃原有基础,也需要吸收外来的新养料。从这个意义上来说,阳光下没有绝对的新鲜东西,所谓崭新的面目出现也只是包含着原有因素的最新发展。想砸烂一切传统文化建立新文化,是粗暴的,也是很难实现的。但是躺在传统文化的交椅上,不去吸收别国的东西,不但难以创新,还将导致自身的萎缩。在近代中国,不开放,不引进,就没有创新。

诗词

清明日与同学戴礼谢璞游岳麓山[1]

衡岳北迤脉奔散,云麓峥嵘湘江岸。
蜿蜒曲折洞庭南,龙蟠虎踞犹雄悍。
中有万寿之古刹,下有湘浏之回澜。
北海剥啄生碧草,岣嵝磨蝎夕照残。
据险探奇物皆有,天辟人文资战守。
马王开国何茫然,旧日宫墙空细柳。
屈贾节义已千秋,不废江河万古流。(用杜句)
自有文章动天地,如此江山岂可俦。
怅望城角劫灰黑,是谁开门揖盗贼。
孑遗民命纷似麻,乱丝而今遍南北。
我来正值暮春天,无限陵谷变桑田。
英雄跃马终黄土,寒食未飞蝴蝶钱。
生时磊落何豪气,死后魂魄存忠义。
年年麦饭吊荒山,垒垒石畔开野卉。
当年江山迹已陈,遗冢长埋百战身。
每怀救国伤心事,堕泪碑前空复春。
我感人生如朝露,文武安民在一怒。

---

[1] 原载《孔道期刊》,1936年。

手除奸蠹斩鲸鲵，奋身直往不回顾。
抒今吊古欲放颠，愿跨长鲸吸百川。
建安不作开元往，文章瓦铄委腥膻。
关中大豪漫浮筏，中有小谢清幽发。
我欲移旆向酒泉，谪仙旧令金谷罚。
醉时不管月和风，拔剑遂斩龙门桐。
凤集鱼浮董曲奏，人间焦尾不为工。
击节更起舞，意气迈终童。
君不见东山小鲁泰山小天下，我欲乘风问大雅。
逝者如斯已矣乎，三峡长江天外泻。

黔灵山寺中戏着袈裟摄影[1]

回首前程笑拈花，儒冠今欲换袈裟。
眼中一滴英雄泪，要渡苍生百万家。

所里病中[2]

翠竹粉墙院落清，销忧昼作绕阶行。
到眼风光春未老，支离病骨怕闻莺。

---

[1] 在贵阳大夏大学读书时（1938年春—1943年2月）所作。
[2] 作于1945年。

乌江船上[1]

杂花犹绕树,江上已春残。
水急千寻石,云深两岸山。
居民无完服,破屋每三间。
休道风光好,西南物力艰。

次韵钟诵余兄见赠[2]

一沙一叶托精神,风雨名山自有因。
守朴廿年持故我,盟心五夜访斯人。
著书卡尔真名世,耕凿许行昔问津。
留得心香长向往,明珠珍重未投身。

离重庆[3]

多谢云情送去船,浮板斜坡过江边。
行人多道舟延发,巴渝又留一日缘。

---

[1] 1945 年 3 月由湘入川时在船上所作。
[2] 作于 1945 年 11 月 9 日。
[3] 1946 年离开重庆时所作。

书斋置菊花一盆晚移檐前[1]

正是萧萧欲晓天,轻移盆菊到檐前。
疏篱知汝风霜惯,争恐轻温失自然。

船 泊 奉 节[2]

茫茫湖山道路赊,眼穿望不到京华。
东风吹涨一江水,秋雨羁留八月槎。
心伴马头云出峡,人同雁影渚为家。
看书睡起浑无事,细剥核桃数浪花。

船自三峡下泊武汉重游黄鹤楼[3]

衣冠几辈浊难分,楼阁依然满夕曛。
胸底险翻三峡浪,眼前幻接十年云。
江山合有诗人藻,竹帛空谈革命勋。
中原血泪民力尽,和平安得戢兵氛。

---

[1] 作于1946年。
[2] 1946年由川赴沪船泊奉节时所作。
[3] 1946年由川赴沪途经武汉时所作。

病中感杂[1]

（一）
朽木敢伤爨后琴，杏坛十载息余阴。
临床重问斯人疾，公谊私恩海样深。

（二）
亲心日夜逐天涯，劫后故园望眼赊。
函电交驰无别语，只言病好早还家。

（三）
知我病深每过从，问医调药敛欢容。
此身早是剥余茧，又吐新丝一万重。

（四）
多谢友生念我频，驰书临褥倍相亲。
身经九死一生后，敢不从知要自珍。

魔　　影[2]

魔影幢幢鬼一车，一家歌舞百家墟。

[1] 作于 1947 年。
[2] 原载《大公晚报》1947 年 12 月 17 日，第 2 版。

月薪辗转四千倍,物价扶摇十万余。
处处啼痕悲骨肉,依依臭腐长虫蛆。
江山留得豪门在,多少万人狗不如!

赠李新同志[1]

北来追骥尾,一载聆琴音。
风月垂清宇,诗文展素心。
举杯嫌日浅,阅世感知深。
春夏乘佳兴,桨声过柳荫。

赠研究生[2]

大江东下复京师,几辈相从焕英姿。
绛帐何曾施化雨,名园两度阅春时。
辛勤助我编新史,颖悟过人有锐知。
学海汪洋终可济,读书实践复深思。

游八达岭[3]

青春结伴过居庸,脚底蜿蜒万里城。

[1] 1959年至1961年在北京参加《中国新民主主义革命时期通史》主编工作时所作。
[2] 作于1959年至1961年间。
[3] 作于1960年。

北去关山锁内外,南望途辙辟纵横。
放怀天地神州赤,到眼风光大漠青。
不信古来征战地,只今一片铁锤声。

泛 舟 西 湖[1]

一湖春水似絮柔,不晴不雨泛轻舟。
迎人花草皆生意,买酒今宵邀月游。

扬州之行四首[2]

渡 江 至 六 圩

一舟横渡去如飞,三十分钟到六圩。
回看江河相接地,当年南北作门扉。

在扬州师院作历史人物评价问题

多少人才踞上游,居然褒贬仿春秋。
英雄无尽时无尽,入海长江日夜流。

瘦 西 湖 泛 舟

曲水重重第几桥,暖风拂柳绿千条。

---

[1] 作于 1959 年至 1961 年间。
[2] 原载《文汇报》1962 年 6 月 16 日。

游人莫道西湖瘦,素绢丹青分外娇。

湖上品茗

绿满枝头影满墙,品茗湖上齿余香。
诗人争道扬州月,我爱扬州夏日长。

鹊踏枝·中秋之夜寄李新同志[1]

去年佳节京都住。宾馆月华,款款花前步。嚣嚣惧将天下误。反修曾把文章著。

今宵车发又离沪。轮转声声,清辉随我渡。平旦应登津浦路。日高却向淮南去。

悼鸿逵[2]

顽强从不计艰辛,竟使恶癌误此身。
撒手小楼成永诀,骨灰一盒作新坟。

梁燕离巢初学飞,归来重雾失喧闹。
声声只唤妈何在,化作啼鹃泪满衣。
海滨风雨久相依,垂老那堪失伴飞。

---

[1] 作于1965年中秋。
[2] 作于1969年4月。

夜静悄听梯步响,犹疑抱卷迟迟归。

鹧鸪天·1969年去沪郊夏收

又到郊村助夏收。麦黄菜绿稻秧稠。儿童犹稔年前事,钻入人丛唤老牛。

挖思想,究根由。机前脱粒汗珠流,书生换骨纵非易,不向人间作赘疣。

渔家傲·国庆二十周年

十七年风云雨露。更三年电闪雷鼓。尽扫尘埃排毒雾。看华宇。最新图画画难足。

天起昆仑作砥柱。江南塞北万流注。思想领先扬我武。呵纸虎。雷池不许过一步。

偶　　书[1]

岂可等闲话脱胎,要从心底起风雷。
千回苦斗期歼敌,换取源头活水来。

---

[1] 作于1969年。

送辛儿赴江西插队[1]

长风扫垢史无前,革己革人两着鞭。
家庭原自私产起,也经洪流濯罪愆。
大妮入厂先食力,脱尽铅华体更妍。
大儿插队长江北,渐知稼穑挑一肩。
二妮下乡不计远,斗天斗地在延边。
今日次儿又南去,一怀春雨指临川。
且喜梁燕纷展翅,东西南北景万千。
唯有幼儿年十四,积习未除受爱怜。
纵老舔犊非我愿,会教随兄舞翩跹。
君不见九百六十万平方公里地,
人民七亿共蝉娟。

闽夏纪行杂诗[2]

参观厦大鲁迅纪念馆

风狂雨骤赋南征,小驻厦门察去程。
心事浩茫连广宇,[3]挥毫夜夜作潮声。

---

[1] 作于1970年春。
[2] 作于1974年。
[3] "心事浩茫连广宇"为鲁迅句。

参观泉州李贽故居

世代沧桑溯故居,先生自有不焚书[1]。

说长道短寻常事,第一功勋是反儒。

登鼓浪屿日光岩

日光岩欲接苍穹,海市岛群一望中。

练胆至今遗石在[2],郑王毕竟是英雄。

谒林祥谦墓

万丈涛头卷大江,国门悬目看渠亡[3]。

神州解放首丘日[4],战骨埋来土亦香。

游鼓山

宋明石刻意斑斓,古刹犹存万绿间。

峰顶未窥如鼓石,此行恰到半山还。

---

[1] 李贽的诗文集为《焚书》《续焚书》,一再遭到明朝政府的禁毁,现在福建注释了这两部书。
[2] 日光岩传为郑成功练兵指挥处,岩下有郑成功纪念馆,馆中存"练胆"两字刻石。
[3] 意思是说把眼睛悬挂在祖国的城门上看着北洋军阀和帝国主义的灭亡。
[4] 人死后归葬故乡曰"归正首丘"。林祥谦烈士1923年在武汉牺牲,解放后才归葬福州市郊。

登罗星塔

九十年来战浪淘,临江一塔只今豪。
凭栏宁惧风吹去,更喜群山挟怒涛。

游西湖

又是西湖入眼来,水光掩映几亭台。
榕桦窈窕重新绿,尽是将军砍后栽。

厦门所见

万木千岩竞化工,海岛无处不葱葱。
道边最喜凤凰树,九月花开火样红。

南普陀所见

门掩南陀难进身,岩头佛字亦成神。
两三妇女深深拜,双币占来问吉凶。

悼念周总理[1]

四海穷千变,一身赴万难。
何当疑惧日,竟尔失崇山。

---

[1] 作于1976年1月。

沪粤车上口占[1]

叶叶万殊物岂齐，人谋天择莫相违。
廿年兴废凭谁说，实践一论定是非。

一九八〇年春节有感

兴来尽日屡探梅，踏遍碧萝脚未衰[2]。
薄海同心奔四化，中华往事溯千回。

已谙世味应忘我，却念国殇总惜才。
且看来朝春四海，青松翠柏满园栽。

游 西 樵 山[3]

危石飞泉景最殊，西樵山上望眸舒。
欲寻南海读书处，昔日声光已杳无。

---

[1] 作于1978年11月。
[2] 长风公园为碧萝湖公园旧址。
[3] 作于1980年12月。

还湘杂咏[1]

车到长沙

去时烽火湮万家,来日昭苏睹物华。

却道长沙应识我,休嗔我不识长沙!

登岳麓山

楚天寥廓一江流,岳麓山偎橘子洲。

历劫犹留黄蔡冢[2],斩除君统自千秋。

应湘潭大学邀,讲近史问题

新开黉宇楚之南,暮夜铉歌出众山[3]。

著史欲追司马两,真知端向实践探。

双峰乡居五日

三十六年此日还,心情未老鬓双斑。

家家有酒迎归客,话到辛酸语转删。

---

[1] 作于1980年12月。
[2] 黄兴、蔡锷墓仍完好。
[3] 湘潭大学建于山丘,到此已华灯初上。

又 一 首

四山大树尽飘零,万叠新株峰又青。

原上几回寻旧迹,故乡泥土总芳馨。

到 邵 阳

资水奔流出万岑,悠悠已鉴百年心。

识时首倡师夷议,到此谁不念默深[1]。

访 金 田 水 库[2]

霖雨苍生愿岂虚,洪杨当日起宏图。

炭工千百崎岖路,泉石而今汇广渠。

无 题 二 首[3]

(一)

君赋悼,我鼓盆,十年相距各招魂。

相逢莫问悲欢事,会向昆仑叩九阍。

---

[1] 魏源字默深,邵阳人。
[2] 作于1981年3月17日。金田水库在紫荆山口。
[3] 作于1981年。

(二)

是是非非总折磨,为人为己两蹉跎。
年来一事差堪慰,刊后文章转载多。

重访修文中学志感[1]

一车迤上古龙岗,斑驳额书石已亡[2]。
四面云山仍旧貌,几行课舍尽新装。
犹疑鬓影来窗下,忽听歌声出道傍。
休忆年华伤逝水,眼前风物细评量。

黄果树观瀑布[3]

头上瀑飞山欲颓,落倾潭底响惊雷。
风吹水沫腾空起,似雾似烟又似灰。

瓜洲口占[4]

春满乾坤古渡新,淮扬风物正宜人。

---

[1] 作于1982年8月。修文中学设于龙岗书院旧址,1943年作者曾长此校。
[2] 原有古龙岗书院题额。
[3] 作于1982年8月。
[4] 作于1983年3月18日。

闸开缓缓迎船队,两岸不闻邪许声。

参观南海康有为故居题诗[1]

一百二十五周年[2],我来南海拜先贤。
艰难留得故居在,昔日声光又灿然。

访问黎里柳亚子故居[3]

南社诗人宅,吴江革命军。
书生期报国,民主旧还新。

游乾陵(高宗与武则天墓)[4]

乾陵风月自年年,一代女皇耀简编。
已与君违还合冢,相逢地下可团圆?

成山头观海[5]

成山头接荣成湾,此日海天得往还。

---

[1] 作于1983年9月。
[2] 指康有为诞辰125周年。
[3] 作于1983年10月。
[4] 作于1983年11月21日。
[5] 作于1984年9月。

任他浪卷千堆雪,我自临风看碧澜。

游天子山[1]

史坛岁岁集群才,酌古论今第几回。
虽有痴情填学海,此行却为看山去。

除夕咏雪[2]

窗外雪花送兔年,电台百戏正争妍。
老来不爱春之舞,坐对荧屏夜不眠。

皖行咏史

1988年10月,赴合肥参加"李鸿章与近代中国经济"的学术研讨会,参观了李鸿章享堂,享堂为钢铁厂占用,几难辨识。并瞻仰了包拯祠、墓,包河萦回,树木森森,景象肃穆。会后为攀登天柱山,过三祖寺,寺以禅宗三祖(僧璨)得名。继至安庆师院讲"近代中国的启蒙运动",得睹徐锡麟纪念碑、陈独秀墓、严凤英塑像。所至不无感触,遂成组诗。

---

[1] 作于1987年8月,题目为编者所加。
[2] 作于1987年除夕夜。

包拯祠、墓

包祠包墓相依偎,河水清清护祭台。
来者若为官倒爷,包公喝令跪下来!

李鸿章享堂

死后儿孙立享堂,享堂斑驳记沧桑。
为功为罪多龃龉,但有识时策富强。

三祖寺

袈裟一袭播禅宗,三祖灯传此寺中。
世间宁有虚无境,云山苍苍天柱峰。

徐锡麟纪念碑

五步之间响炮弹,欲凭只手挽狂澜。
碑前伫立秋光好,放眼犹思易水寒。

陈独秀墓

神州莽莽挟风雷,万里河山费剪裁。
创世终输霹雳手,一棺长盖赋归来。

严凤英塑像

江淮村女唱天仙,唱彻人间孽与缘。
名艺翻难逃浩劫,又添离恨谱新传。

六月十五日傍晚由沪飞京，兼东李、孙、彭同志

飞穿雨雾入青暝，天上霞光放晚晴。
此去文章原有债，未来史简岂无凭。
风驰仿佛闻帝语，云幻依稀恋友情。
浮想如潮人似水，华灯百万已京城。

附录

陈旭麓先生传略[1]

熊月之

中等身材,浓重的湘音。热情,和蔼,坦诚,耿直。哲人思辨,才士文笔。

生前,其文其人,向为史坛倾重。

身后,其人其文,长为生者慨叹。

他,就是陈旭麓先生。

一、家乡、家世、童年

陈旭麓先生于1918年3月31日(农历二月十九日),诞生在湖南省湘乡县一个名叫白源湾的乡村里。湘乡是大县,有100多万人口,1949年以后为湘乡、双峰二县,先生的故乡划属双峰。故先生籍贯,曰湘乡可,曰双峰亦可。

先生初名修禄,十七八岁时讨厌"修禄"有企求升官发财之意,改为"旭麓"。湖南话修、旭同音。笔名有噙唵、老陈、林父、陈今、岳山等。先生排行第三,上有一兄,名应禄;一姐,佚名;下有同父异母的两个弟弟,一名省麓,一名星麓。

先生的曾祖父、祖父、父亲均以经商为业。在曾祖父一辈,家境颇为富庶;至父亲一辈,家道中落。先生出世时,南北军阀正在湖南交战,父亲在别人店中帮工,干管账、跑街一类的差事,收入微薄,家中每每入不敷出。先生5岁时,母亲因贫血而去世,那天,先生跟着

---

[1] 本文由陈旭麓先生子女、亲友、学生提供资料,吸取了一些悼念文章的内容,由熊月之执笔写成。文中资料,恕不一一注明来源。

姐姐在田里拾稻穗,噩耗传来,年幼的姐弟俩连稻穗篮子也不要了,急奔回家,哭作一团。母亲的过早去世,给先生的童年带来了极大的不幸,在他幼小的心灵中留下了难以平复的创伤。先生7岁时,其父除给人帮工外,自己也做点小买卖,家境有所好转。

1926年,白源湾开办了小学,先生始入学读书。这个学校只有一个教师,包揽国语、算术、图画、音乐、体操等全部课程。这时湖南农民运动热火朝天,农民协会掌权,斗争土豪劣绅。不久风云突变,农民协会被解散,农运积极分子遭杀害,那所带点新鲜气息的小学不知什么原因也停办了。先生于是转入旧式蒙馆,课本也由"大狗叫,小狗跳"变为"学而时习之"。12岁,先生转入一所高级一些的私塾。私塾设在祠堂里,离家较远,先生住校就读。湘乡是理学之乡,这位私塾先生也是一位理学夫子,他规定学生除了阅读《左传》、《诗经》、古文、唐诗,还要阅读朱熹的《近思录》。在这所私塾读了一段时间以后,先生又相继跟着两个姓王的前清秀才学习。二王皆重词章,先生于是又研读了《昭明文选》。

那时,湘乡一带年轻人的出路主要有三:一是由读书而入仕途;二是略读书后当学徒、经商;三是务农或学一二门手艺以作糊口之资。先生家庭世代经商,父亲自然而然地为先生选择了第二条路。父亲的意思是让儿子读几年书,学会记账、写信,粗通文墨,然后送他到店里习商。不知是由于自幼丧母养成了先生喜欢独立思考的个性,还是由于读了不少诗云子曰,受了传统的鄙商思想的影响,先生这次没有接受父亲为他作出的选择,而是要求继续读书。这时,父亲经商甚为得法,盈利颇丰,家中没有温饱之虞,可以不要儿子觅衣逐食;再者,父亲见儿子天资聪颖,又肯用功,对他寄予了更高的期望,希望他有朝一日,由读书而做官,荣宗耀祖,因而遂了儿子的心愿。1934年秋,先生离开湘乡,来到湖南的政治、文化中心长沙,继续求学。

二、长沙就读

离开乡村,来到城市,对先生来说,一切都很新鲜。然而先生无暇细细领略省城的都市风光,而是一头埋进书堆,为入学做准备。

长沙自清末以来,便是湖南全省新学中心。这里办有很多新式学校,这些学校除了开设国文、数学等科目外,还开设英文等课程。先生此前所读私塾课程,与这些新式学校相差甚远。因而,先生抓紧时间补习数学与英文。其父还特地为他请了一位兼教英文和数学的教员。几个月后,不知道什么原因,也不知出于什么考虑,先生并没有进入新式学校,而是进了"孔道国学专科学校"。当时,湖南省政府主席何键倡导尊孔读经,孔道国学专科学校之设,大概与他有关。

长沙孔道国学专科学校的校长,是前清翰林彭清黎,教师中出身于前清举人、秀才的也不少。这些教师,大多思想守旧,但就国学而论,不少人又确有造诣。课程设有经学、史学、哲学、小学、地理学、音乐等。哲学课程并不教西洋哲学,而是讲授宋明理学。音乐课不教五线谱,授课乐器也不用钢琴、风琴,而是用古色古香的七弦琴。先生在此学校凡三年。读书之余,常徜徉于湘江之滨、岳麓之巅,熟见近代三湘志士在湖山之间留下的遗迹,遂有追躅前贤之想。他学会了写格律诗,曾与十来个同学组织了一个诗社,名叫"一社",取古书上"天下定于一"的语意。每当三月阳春、十月金秋,三五同学,登岳麓山,游天心阁,骋目畅怀,分韵赋诗。他们曾经出过一本诗集,名《一社集》,石印本。据先生自述,其内容主要是旧体诗,也有文章,多为风花雪月、感时伤世之作。1937年先生离开这个学校后,"一社"

也风流云散了。

在孔道国专就学期间,先生虽然主要接受传统的国学教育,但对当时的新学也不是毫无涉猎。他在泛读群书之时,读了胡适的《中国哲学史大纲》、梁漱溟的《东西文化及其哲学》和陈独秀的《独秀文存》。这些书在30年代算不上最进步书籍,但与先生往日一直研读的经史子集相比,还是足以振聋发聩的。先生日后回忆,他当时是将这些书籍作为新书来读的。

孔道国专倡导国学,也倡导传统的爱国主义。先生就读期间,正值日本帝国主义加强侵略,中国抗日烈火越烧越旺的时期,北平"一二·九"抗日怒涛虽然没有在此校激起巨浪,但爱国主义一直在师生的心中激荡。学校有一位姓赵的教师,是康有为的学生,他每出作文题,不是论历史上的外族入寇,就是以"天下兴亡,匹夫有责"一类命题。先生作文,时常得到其赞赏。有一次,他在先生作文后的批文是一首七言诗,最后两句是"心有阴符谁可授,圮桥坐得到天明",用的是圮上老人与张良的故事,以圮上老人自况,将学生比作张良,由此可见其期待之殷。

正是在这种爱国思想驱使下,1937年底,武汉有一个抗日工作训练班招生,先生闻讯,忙去报考。谁知天不助人,先生一到武汉就病倒了,只好拖着病躯返回长沙,治了十多天才能起床。

1937年底、1938年初,无锡国学专科学校迁到长沙,这所学校主持人是著名教育家唐文治。这时,先生在孔道国专已临近毕业,随之而来的有个文凭价值的问题,因为孔道国专当时在国家教育部并未立案,文凭不吃香,而无锡国专则是立了案的,于是先生决定报考设在长沙的无锡国专。当时共有近50人前往报考,先生的考分,列在前四名,考试主要项目是作文,题目是《易经》上的一句话,先生引经据典,洋洋洒洒,写得相当顺手,唐文治老校长对这位湖南考生很是赏识,特地约他去谈了一次话。先生算是被录取了,由孔道国专学生变成无锡国专学生。谁知,他刚刚在无锡国专上了几天课,另一个机会又向他招手了。这个机会,中止了他在长沙的学习生活,影响了他以后一生的命运。

三、大夏高材生

大夏大学设在上海,抗日战争爆发后先迁庐山,再迁贵阳,大夏在由庐山迁往贵阳的途中,经过长沙。陈旭麓先生通过湘乡同学的介绍,得识大夏大学的秘书长王毓祥。王毓祥当时是民国政府立法委员,名气很大,他欢迎这位才气横溢的青年到大夏读书。于是,先生毅然决定离开长沙,前往贵阳。

1938年,在王毓祥的支持下,陈旭麓先生成了大夏大学文学院中文系学生。先生没有读过新式学校,更无高中文凭。在大夏读了一年以后,国家教育部忽然查出这个学生没有正式中学毕业文凭,勒令大夏将其退学,这时,王毓祥已调重庆工作,帮不上他学生的忙了。大夏大学注册主任(相当于副教务长)蓝春池将先生找去,告诉他:"你已学的成绩完全不作数,再从一年级读起,以同等学力报部。"没有要他退学,已算很宽厚了。先生无奈,只得屈从,但不愿再读中文系,乃转入历史社会系,再从一年级读起。只重文凭,不重才学,在当时是相当盛行的。先生遭此挫折,有何感慨,现在已不得而知,但是先生后来招收研究生,特别重才学而不大重文凭,或许有他的人生感受在内。

先生在大夏大学读书,首尾五年,是个成绩优异、思维活跃的学生。所修课程有哲学、历史、文学、外语等。先生除了学习规定课程外,还博览群书。那时贵阳是抗战后方,对进步书籍的禁锢还不算严厉。先生购买了《论持久战》《资本论》《联共(布)党史》等,他被这些书中的辩证法、唯物论的观点强烈地吸引住了,竟着了迷,与同学交谈,开口就是"否定之否定""对立统一",闭口就是"生产力""生产关系"。这些在今天已是习惯术语,在当时还是相当时髦的新名词。于是,同学们给他起了个绰号——牛克斯。

由于接触了一些马克思主义,先生对于当时的国民党统治,更为不满。这位湖南青年,性格刚烈,遇到不平之事,每每按捺不住,拍案而起。1941年春,大夏大学发生一起惨案:国民党特务在大夏大学门口,公然向一位姓张的女大学生开枪,她登时倒在血泊中。先生目睹惨案,怒火中烧,立即写了一篇义正辞严的评论文章,贴到壁报上。学校当局如临大敌,急命训导处职员将其撕下,直送国民党贵州省党部,并扬言要严惩作者。很多好心的同学都为先生担心,劝他避避风头,先生硬是宁折不弯。此事后来不了了之,先生也未遭什么不测之祸。事后知道这事让谢六逸先生顶住了。谢六逸是中国著名的文史工作者,当时任大夏大学文学院院长,与贵阳政府官员很熟,他对这位名叫陈旭麓的青年学生相当赏识。

由于成绩优异,先生于1941年9月至1942年7月被贵阳文通书局聘为编辑干事,1942年1月至7月被大夏附中聘请为兼职历史教员。文通书局编辑所所长是谢六逸先生兼任的。在求学与兼职期间,先生利用闲暇时间编撰了一本中学授课教材《初中本国史》,并于1942年10月由文通书局公开出版。不久先生又在一家史学周刊上发表了第一篇学术性论文《司马迁的历史观》,初露其卓异的眼识。这是一个很难驾驭的大题目,先生积多年读《史记》心得,洋洋洒洒,写了3万多字。该文发表以后,老师和同学们纷纷向他竖大拇指,说是:"你不鸣则已,一鸣惊人。"先生自己对这篇文章,一直留有深刻的印象。他晚年多次对学生们说:《司马迁的历史观》题目很大,写作时自己年轻,初生牛犊不怕虎,但事后想起来还是有些后怕的。此外还用笔名写过一些杂文、随笔、读史杂记之类发表在《贵阳日报》的副刊上。

四、颠沛流离,重回大夏

1943年2月,陈旭麓先生在大夏大学学习期满,获得文学学士学位。

毕业了,以后的路怎么走?这个问题在毕业以前,已萦绕在先生脑际。那正是"同学少年,风华正茂"之时,先生曾与几个同学商议,雄心勃勃地要创办一所中学;也曾设想过创办印刷所。总之,他们想干一番于社会有益的事,而不想经商牟利,也不想混迹官场。这些设想正在酝酿之时,又有一个机会在向先生招手了。

贵阳北部有个修文县,地处贵阳、息烽之间。修文县政府民政科长李铁枝,是湖南人,也是大夏毕业生,他听说陈旭麓等一批人毕业了,而修文县立初中正缺教师,于是介绍先生等人前往任职。先生与杨慕白、李德庆、张孔衢、张雪虹、梅筠、陆鸿逵等一同前往任教,先生任校长,杨慕白任教务主任,其中陆鸿逵为大夏附中毕业的女生,后来成为先生的终身伴侣。先生任修文中学校长仅一个学期便辞职了。其原因有二:一是修文中学地处偏僻之区,几与外界隔绝,没有什么发展前途;二是与修文县国民党党部书记王某关系弄僵了,因他要先生在学校讨论蒋介石的《中国之命运》,遭到先生拒绝,于是他放出空气,说先生是"共党嫌疑"。

1943年夏,先生离贵州回湖南,在湘乡私立起陆中学教书。这时,父亲卧病在家,先生一边教书,一边为父亲治病而奔波,很是疲劳。这年冬天,父亲病逝。1944年春夏,日本侵略军占领长沙,进攻衡阳。先生家乡地处长沙、衡阳之间,日军来前,已被国民党军队搞得鸡犬不宁;日军来后,更烧杀抢掠。家乡住不下去了,先生领着家人,经邵阳,迁到武冈的山门安下。其父在世经商时,与别人合伙经营棉花和棉纱,拆股时分得20来包棉花和两包洋纱,这便是全家逃难的家当。先生本厌恶经商,又不熟悉行情,故所带棉纱并未变卖多少钱,除去旅费、房租、食用,已所剩无几。到1945年3月,眼见全家生活难以为继,先生无可奈何,只得把家人送回湘乡,自己单身一人,出湘西,顺乌江,入四川,在抗日烽火中颠沛辗转,寻求安身立命之道。

从大学毕业到离湘入川。这三年当中,先生几经挫折与磨难,漂泊不定,回想大学时代的书生意气,环顾自己的潦倒困境,深深感慨社会之动荡,命运之多蹇,生活之维艰。在入川船中,先生口占一首题为《乌江船上》的五言诗,表露了自己当时的心迹:

杂花犹绕树,江上已春残。

水急千寻石,云深两岸山。

居民无完服,破屋每三间。

休道风光好,西南物力艰。

1945年5月,先生到达重庆。先生入川,本无固定目标,只是为了寻出路,因此,"脚跟无线类转蓬",走到哪里算哪里。他先住在一个同乡人在重庆开的商店里,一边托人寻找工作,一边看看报纸,消磨时光。不久,他经两位大夏同学的介绍,来到赣江中学教书。

赣江中学是旅渝江西同乡会所办的中学,在离重庆市区60里的冷水场,校舍设在一所庙里,学生有300多人。先生在这里的职务是历史教师兼训育主任。当时,形势动荡,校纪萧然,学生中有相当一部分是"袍哥会"的成员,酗酒打架,欺侮女生,无所不为。先生想整顿一下,严厉地训斥高中三年级的几个流氓学生。谁知这一下捅了马蜂窝,被训学生怀恨在心,公然在学校贴出大标语:"打倒陈旭麓。"校方置若罔闻,不予处理。先生一怒之下,毅然辞职,卷起铺盖,返回重庆。

回到重庆,先生回想起那位把自己荐举到大夏大学的王毓祥先生。王毓祥这时已任大夏大学副校长。于是,先生给王毓祥写了一封信,并附寄一首诗,语虽问候,实系自荐。王毓祥本来就很赏识先生的才华,接到信后便立意援用。时为1946年2月,抗日战争已胜利结束,各内迁高校都在办理复员工作,王毓祥正在重庆办理大夏大学返回上海的手续,于是,他把先生找去,委以校长室秘书之职,协助办理大夏返沪工作。至此,先生又与分别三年的母校发生了联系,不同的是:三年前,他是学生;这时,他是职员。

40年代中期的重庆,是中国的政治中心。先生住在这里,每受政治空气感染,思想日趋进步。1946年1月,政治协商会议(即旧政协)在重庆召开。重庆各界为了促使会议成功,每天晚上在沧白堂集会,邀请政协会议代表报告会议进展情况。先生时常前往聆听。王若飞、郭沫若等人的演讲,给先生留下了深刻的印象。国民党当局多次派遣便衣、特务捣乱沧白堂会场,殴打、谩骂会议主持人和演讲人,郭沫若等人便在那里被打伤。先生目睹此情此景,尤愤国民党专制独裁的暗无天日。他日后回忆说:"王若飞同志那胖胖的中等身材,常浮现在我的脑子里,而特务们的怪叫和飞石,更增加了我对国民党的卑视和愤慨。"1946年2月10日,重庆各界万余人在校场口隆重集会,庆祝政治协商会议的成功,国民党当局派遣特务、党棍,冲击会场,抢占主席台,殴伤大会主持人和演讲人李公朴、郭沫若、施复亮、马寅初、章乃器等 60 余人,制造了震动一时的校场口血案。先生那天也在场,目睹当局的暴行,义愤填膺,连夜疾草《目击者》一文,刊诸重庆《民主报》,发抒了一个青年知识分子的爱憎之情。事后,先生原拟以此题材写成专书,并拟定了书名和提纲。书名为《胜利了以后》,提纲共 10 条:(一)胜利的鞭炮;(二)所谓受降;(三)毛泽东到了重庆;(四)双十协定;(五)内战!内战!内战!(六)赫尔利走了;(七)学府的血;(八)政治协商会议;(九)沧白堂与校场口;(十)历史往哪里走。书后来虽然没有写成,但从他拟定的书名和提纲,足见这位热血青年的激愤情怀。

1946 年 9 月,先生随大夏大学的大队返沪人员,由重庆乘船顺流东下。因沿途耽搁,10 月下旬才到上海。从此,这个中国最大的都市,成了先生的第二故乡,他在这里度过一生中的大半年华。

到上海后,先生仍任大夏大学校长办公室秘书。当时有三位秘书,先生的职责是负责联系毕业同学,起草一些普通文稿。当时校长是欧元怀,副校长为王毓祥,欧、王间有矛盾,先生处境不很顺遂。大概在 1947 年初,先生被聘为讲师,讲授中国通史。不久,又被聘为副教授。1949 年 2 月,又兼任圣约翰大学教授。1949 年 5 月,上海解放。1949 年秋季开学,先生以副教授身份在大夏大学讲授社会发展史,同时却任圣约翰大学教授,在圣约翰讲授同样内容。在时人心目中,圣约翰大学名气大、牌子硬,大夏大学则逊其远矣,在彼为教授而在此仅为副教授,于理不通,先生深知这是由于校方欧、王矛盾,影响及己,城门失火,殃及池鱼。

在大夏大学任教期间,先生思想较前更为进步,更为成熟,1946 年 12 月,他参加了中共外围组织——上海大学教授联谊会。他积极参加了反内战、争民主、反美扶日等政治活动。解放前的几年中,他发表了一系列政论文章和政治倾向很强烈的学术文章,如《我们向哪条路走?》《中国还需要革命》《论学术独立》,还有《戊戌维新论》,旨在反对改良主义;《暑假话大学》,揭露大学教育腐败状况;《吊"北京人"》,抨击帝国主义盗取"北京人"头盖骨;《论学生运动》,反对国民党政府镇压学生运动。这些文章多发表在《观察》《时与文》《展望》和《大公报》等报刊上。先生成为那个时候在黑夜中呼唤光明,为新中国催生的知识分子群体的一员。

与此同时,先生还频繁地参与由进步人士和团体组织的各种座谈会,极富针对性地相与探讨国际国内时势,如美苏问题、学生问题等。在这些座谈会上,先生多慷慨陈词,畅抒己见,即使在重病在身未能出席的情况下,先生仍奋笔疾书,针砭时弊,矛头直指腐败的国民党政府。譬如1948年9月《中建》杂志(北平版)在上海邀请一批进步教授座谈"当前的学生问题",这是一个非常敏感的问题,时先生正卧病在床,本可以不表示意见,但他在接到邀请后,毅然在病床上写下并提交了自己的书面意见,其中尖锐地指出:"'当前的学生问题',并不是学生本身真的有什么问题,青年永久是纯洁热情而前进的。问题的症结是在今日政治社会及教育的失调,数十年来的执政者不能辞其责任。我们试回想战前的学生运动,要求国家的独立和自由;'五四'时候的学生运动,要求科学和民主。然而当时也与今日一样认为学生有罪,事实证明到底如何!陆放翁有句诗:'万事莫如公论久。'我们应该相信这一条定律。"这段话写于国民党政府在全国各地大肆逮捕进步学生事件的过程中,无疑是需要勇气和胆量的,它充分显示了一个青年学者的血性与识见。

解放前夕的上海黑夜沉沉,恐怖万分,国民党当局四处抓人,镇压进步人士。先生因参加进步政治活动,受到了当局的注意。南京三青团主编的报纸攻击大夏大学的进步教师为"群奸",特辟《大夏群奸谱》,先生被列为第二名。于此可见当局对先生的忌恨。在这种情况下,先生的生活不方便了,一直提携先生的王毓祥副校长,也关照先生要注意安全,不要再到学校办公。先生于是不再住于大夏校园,东过一宿,西躲一夜,过了几个月的"流浪"生活。尽管如此,先生还是积极工作。他联络了一部分要求进步的教师,成立了一个"新民主主义教育研究会",名为研究教育,实为迎接解放而努力。

1949年5月27日,上海全城解放。黑夜终于过去,先生怀着无比的喜悦和极大的热情,欢迎这个城市的新生。此后,他一边在大夏、圣约翰大学讲授社会发展史和新民主主义革命史,宣传历史唯物主义,一边以工会主席的身份,为大夏大学的改制而奔波忙碌。

五、十七年中

解放以后,先生的命运一直与华东师大联系在一起,他参加了这所大学的筹建,在这所大学里教书育人,从事科学研究。

解放初期,为了适应新的形势需要,中央人民政府决定对全国高等院校进行调整。为了加强师范教育,中央决定以大夏大学和光华大学为基础,成立华东师范大学。1951年暑假以后,华东师范大学筹备委员会成立,先生为筹备委员会委员之一。当时筹备委员总共十多个人。

华东师大成立后,由于教师、职工来自不同单位,难免带来小团体主义和帮派倾向,因此,增进教职员工之间的了解和团结,做好他们的政治思想工作,成为学校的一项重要任务。先生以工会主席的身份,奔走于教职员工的宿舍和办公室之间,为增强他们的凝聚力,做了大量工作。

1951年下半年,华东师大师生按照上级部署,奔赴安徽北部参加土地改革工作。历史、地理两系师生组成独立中队去凤台,先生担任队长。1952年初回校。1953年5月,先生被批准加入中国共产党。以后,先生长期担任校工会主席、历史系副主任、中国近代史教研室主任,后又担任过校研究生处处长,1961年到1965年任校副教务长、党委委员。从1949年到1966年,国家政治运动不断,高等学校几乎每次都被卷入。先生作为一个追求进步的人,作为一个共产党员和党的干部,自然不能置身事外。先是参加土地改革、思想改造,而后是"反右""大跃进",再后是"四清"运动。其中参加"四清"运动用去时间最长,整整一年,1965年9月至1966年8月,在安徽定远县,任工作队队长和工作队党委副书记。

十七年中,先生以一个知名中年历史学家、教育家的锐气,一面长期为本科生、进修生讲授中国通史、社会发展史、中国近代史,并从1955年8月起开始培养研究生,指导研究生班;一面引史抉义,纵横论列,不以饾饤琐碎为贵,一求再现历史的真实于说明历史的脉理之中。在历史学的众多题目上不囿一格,运思于成说之外,常独具眼识,文章累积骎成风格。这十七年中,先生先后发表论文、著作50余种,成绩斐然。具体说来,主要包括如下四个方面:

第一,关于史学理论与方法。先生于1953年发表《历史人物评判与历史教学》《再论历史人物评判与历史教学》;1954年发表《论历史人物及其阶级》;1955年出版专著《论历史人物评价问题》;1958年发表《两类社会矛盾学说与历史科学》;1959年以后发表《略论对历史人物的翻案》《论阶级观点和历史观点的统一》《论"史论"》等。这些文章,以历史事实为依据,以历史唯物主义为指导,多侧面多角度地探讨了史学理论问题,自成一家之言。使先生成为建国初期关于史学理论与方法讨论的重要代表人物。

第二,关于近代思想文化史,这方面的论文有十多篇,多见称于学界。其中《论谭嗣同的民主主义思想与改良主义政治实践的矛盾》,第一次从思想与实践相联系的角度,全面分析表现在谭嗣同身上的内在矛盾,这篇文章在很长时间内被公认为研究谭嗣同思想的代表作。《论冯桂芬的思想》《关于〈校邠庐抗议〉一书——兼论冯桂芬的思想》,是解放后系统研究冯桂芬思想的力作。此两文兼与南京大学王栻先生进行学术争鸣,故在学术界影响更大。《"五四"前夜的政治思想逆流》《论"五四"初期的新文化运动》两文均写于纪念五四运动40周年之际,洋洋数万言,系统研究了民国以后十多年间的思想文化,史料翔实,新见纷呈,是"文革"以前研究民初思想文化的代表作。《辛亥革命前的梁启超思想》《辛亥革命后的梁启超思想》是姐妹篇,是60年代初讨论梁启超思想的争鸣之作。两文在报刊上连载多期,为史坛不多见,故为中外学术界所注目。

第三,关于辛亥革命。50年代以来,先生治学渐以中国近代史为主,致力于垦拓、树造架构,从事实思辨、探求历史存在的由来和去踪,笔涉多面而命意深邃。其中于辛亥革命、中华民国史用力尤勤,在先生的中国近代史研究中,占有特殊的地位,是学界公认的辛亥革命史的重要垦拓者和最早的倡导者。还在1955年,先生便出版了《辛亥革命》专著,这本书虽然不算太厚,但它是新中国成立后第一部在唯物史观指导下撰写的辛亥革命史专著,书中确立的研究辛亥革命的体系,提出的许多观点,为史学界长期援用。1956年,孙中山诞生90周年,先生发表论文《孙中山先生与〈民报〉》。同年,先生发表《论陈天华的爱国民主思想》,这是解放后第一篇系统论述陈天华思想的论文。1957年出版单行本《邹容与陈天华的思想》。1961年是辛亥革命50周年,也是先生撰写、发表关于辛亥革命史论文相当集中的一年。在此前后,他发表了《辛亥革命的伟大历史意义》《毛泽东同志论辛亥革命》《辛亥革命史的分期和研究中的若干问题》《清末的新军与辛亥革命》《论宋教仁》《清末革命党人的纪年》等一系列论文,有的从总体上论述了辛亥革命的历史意义,有的从具体问题探讨辛亥革命的过程、事件、人物,后三文均系创新之作。在很短一段时间里,就同一专题集中发表这么多很有见地的论文,除了表明先生才华出众、功力深厚以外,还反映了他的研究兴趣。先生二十年后回忆说,他当时曾打算写一部多卷本的辛亥革命史,可惜因为忙于他事,未能如愿。

第四,参与主编《新民主主义革命时期通史》。1959年至1961年,先生被国家教育部借调到北京,参加主编《新民主主义革命时期通史》。主编凡五人,另外四人为李新、孙思白、蔡尚思、彭明。工作地点在东厂胡同一号。此处原是民国时代黎元洪的总统府,内有八角亭,系黎的机要会客室。亭子建在一座假山上,绿树环绕,怪石嶙峋。先生等几人便在山上结邻而居,朝夕共处。有时也会结伴出游,驻足长城,泛舟北海。兴致高时,先生每每喜欢吟诗添趣。一次游长城归来,作七律一首,内有"放怀天地神州赤,到眼风光大漠青"之句,孙思白先生赞以"气象豪迈,浑然天成"八字。可见那时先生才思俊逸、心境畅朗。经过两年多的努力,《新民主主义革命时期通史》四卷本终于问世。这部巨著以史料翔实、立论公允、叙述清晰、文笔畅达而著称当时,是全国高等学校的指定教材,也是第一部关于新民主主义时期的多卷本通史,为中国现代史研究奠定了一块厚实的基石,在学术界有深远的影响。1988年此书获国家教委高等学校优秀教材一等奖。通过编写此书,先生与北京的李新、孙思白、彭明等史学家结下了深厚友谊,此后,他们过往频繁,情逾兄弟,历三十年风雨不渝。

六、 在浩劫中挣扎

1966年夏天,"文化大革命"的狂风恶浪,给陈旭麓先生带来了巨大的灾难。在"横扫一切"的过程中,他在劫难逃,被当作"牛鬼蛇神"揪斗。什么"反动权威""反革命修正主义分子""地主阶级孝子贤孙"等罪名,一古脑儿向他头上扣去。他做梦也未想到,自己为党、为人民、为科学和真理追求了大半生,居然会落得这个地步。他沉默了,怀着隐痛接受着"造反派"的一次次批斗,冷眼看着一批批点名打倒他的大字报,反省自己的过去。有一次,他看到办公楼前揭批他的大字报中,竟然诬陷他是"国民党员",实在无法忍受,就掏出钢笔,悄悄在这条诬陷不实之词的旁边,写下了"我不是国民党员,从未参加过国民党"几个字,旁边还坦然地署上自己的名和姓。这一下,更加激怒了"造反派",一夜之间,挞伐陈旭麓反攻倒算的大字报铺天盖地。更有甚者还将揭批陈旭麓的大字报整理油印出一本长达数十页的"传单",到处散发,必欲将他置之死地。

不久,先生被关进了"牛棚",除了"交代"与接受"批斗"之外,不得"乱说乱动"。年迈老母被遣返回乡,他作为儿子不能前去话别;三个未成年的子女被分配到数千里之外去接受"再教育",他作为父亲也无权叮嘱几句;陪伴自己二十多年的妻子患了不治之症,他作为丈夫,更不能前去探望,只能含着眼泪看着她在苦痛中死去……这一幕幕催人泪下的惨痛事实,促使他对这场浩劫进行思考:天道茫茫,公理何在!

70年代初,陈旭麓先生经过数年的"斗批"与"审查",被宣布从"牛棚"里"解放"出来。他虽然获得了"解放",但回到零落的家,见到被抄后残缺不全的书籍,只能流露出一股凄苦的哀愁。这时,学校正在"复课闹革命",他多么想凭借自己的聪明才智和深厚的学识根底,为教学和科研作出自己的应有贡献呵!但是,他的这股热忱遭到了冷遇。因为,在当时的政治气候下,像他这样从"牛棚"里放出来的老知识分子,只有充当"反面教员",继续接受批判或改造的份儿,根本轮不上去搞什么教学或科研。

这时,遇到了一个机会。复旦大学历史系在"复课闹革命"过程中,胡绳武同志正在奉命组织力量编写《中国近代史丛书》,由于人手不够,就提出将陈旭麓先生借调去参加编写。先生对好友胡绳武的盛情相邀,虽然感到欣喜,但内心十分矛盾。能去搞专业当然心慰,要离开亲手参与创办的华东师大又总不是个味儿。真正的知识分子更看重学术事业。几经考虑,先生于1971年被借调到复旦历史系,参加《中国近代史丛书》的编写工作。

复旦大学并非世外桃源,在当时的政治气候下,要真正凭借自己的良知写出像样的科学论著是难乎其难的。但是,他同胡绳武同志一起,团结周围的中青年同志,在艰难的条件下,努力苦干力争在短时间内尽快编写出一套近代史丛书。经过数年的努力,一套近代史丛书终于陆续公开出版了。这套丛书虽然打上了不少时代的印记,但在"大批判"的吼声淹没理性思考的年代里,能写出这套并无多大原则错误的丛书,已属难能可贵。这套书,后来被译为英、日、俄等外文在国外出版。先生负责丛书编写的同时,还参加、主持了章太炎著作编注和盛宣怀未刊档案资料的整理工作,抓紧一切机会,为近代史资料的抢救和整理工作,付出自己的极大心血。

七、 忍辱负重，老而弥坚

1976年秋天，陈旭麓先生怀着极其兴奋的心情，迎接了第二次解放。"四人帮"粉碎后，他奉命与其他同志一起，共同负责上海市委大批判组，投入了揭批"四人帮"的斗争。1978年秋，他回到华东师大，教书，编书，带研究生。

在生命的最后十年中，先生在学术研究方面，重点是以"新陈代谢"的旨趣，致力于中国近代社会变迁的研究。对于近代史线索、中西文化的比较、资产阶级评价，对于海派、租界、会党、洋务，对于革命与改良、爱国与卖国、体与用、一与多……凡是近代史重大问题，几乎都有陈旭麓一家之说；凡是学术界热烈争鸣的现场，几乎都可以听到他那高亢独特的湘乡口音。他由现实反思历史，孜孜探求中华民族的未来去路。

在生命的最后十年，先生以旺健的创造力，在老境侵夺中，登上了一生的学术高峰期。他发表于这一时期的论著，议论恢宏精密，融理论思维与艺术思维于一体，以丰厚的历史感写出了百年递嬗的曲折骨脊，既给人以深刻的哲理启迪，又一洗盛行已久的枯燥单调、乏味的文风，开创了一代史学新文风。他主编了第一部《中国近代史词典》，其收词之宏富，诠释之准确，一经问世，即受到学术界广泛的好评。辞书方面，他还主编了《中华民国史辞典》和《中国人名大辞典》近代人物部分。学术著作方面，他主编的《中国近代史丛书》已出版近40种，在国内外产生广泛影响，除了历史事件如《鸦片战争》《辛亥革命》等在80年代初已被译为多种外文出版，后来出的人物传记也有不少被外国学者翻译过去，有几种在国内重要学术评奖中获得优秀著作奖。他主编的《近代中国八十年》《五四后三十年》《五四以来政派及其思想》《中国革命史教程》等,架构独特,风格清新,为学界称道。特别值得指出的是,先生主编各种书籍从来不挂虚名,而是从选题到提纲,从观点到资料,从体例到文字,都事必躬亲,一丝不苟,其认真负责的精神,每令同行们感佩不已。1984年,先生出版了他长期历史思辨的结晶《近代史思辨录》,接着又着手编辑《思辨续录》《浮想录》(这些先生在世时已基本编定,或已有具体设想。先生逝世以后,我们已按先生的意愿,编妥付梓)。先生一生著作编撰、整理各种书籍70余部,其中大部分是在这十年间完成的。

先生最后十年所从事的,还有一项影响很大的工作,就是培养研究生。"文革"以前,先生已是著名的研究生导师。1978年秋,先生恢复招收研究生,到他逝世,又招了7届。

先生曾说:"子女和学生分别延续着一个人的生命和学术。对于一个真正的学者来说,学生胜过子女。"先生对学生倾注了全部的爱,他以渊博的学识、灵活多样的方法,尽最大努力将学生培养成才。在师生关系上,先生完全平等待人,绝无半点导师的架子;在学术上,他鼓励、尊重学生的独立见解。他因材施教,对禀赋、志趣不同的学生采取不同的方法,让他们扬其所长。他从多方面关怀学生,学业之外,对学生的品质、生活等方面处处关心。在学生的心目中,他是严师,是慈父,又是可以坦诚相处的朋友。

先生的道德文章,在学术界有口皆碑,在社会上广为人知,赢得了无数好学青年衷心的爱戴。很多青年慕名向他请教,他总是有求必应,尽量满足他们的要求。先生的案几上,常有成堆的来自天南海北的信件,或请教问题,或托审稿件,或托购书刊。研究生们看先生实在太累了,建议有些信由他们代复。先生通常是坚持自己亲复。他常说:不能让青年失望。正因为如此,先生在青年学生中有巨大的吸引力,每年招收研究生,报考的人数总是大大超过招生数字,有些人甚至是二次三次报考他的专业。

由于一些不便多说的原因,陈旭麓先生晚年并不总是顺心、愉快的,但是,他以一个中国知识分子的良心,以对国家和民族的高度责任感,以对真理的真诚与挚爱,将一些不快的事情吞到肚里,忍辱负重,真诚地求索,勇敢地创新。"艰难困苦,玉汝于成",先生晚年在学术上爆发如此巨大的能量,迸发出如此耀眼的光芒,与他的处境、与他对社会的理解也许不无关系。

八、 新体系:新陈代谢

如果说学术创造是陈旭麓先生一生的出发点和归宿,那么建构以"新陈代谢"为旨趣的中国近代史新体系则是他晚年学术的核心。在惯见了三十余年近代史的既成格局之后,先生是有心别开一局的先行者,在这一过程中,他不仅超越了自己,而且超越了过去一个时代。

"文革"刚结束,先生便以其特有的眼识倡导中西文化比较研究。与此同时,又以"新陈代谢"的论旨致力于中国近代社会变迁的研究。他以鸦片战争到中华人民共和国成立作为一个完整的社会形态,并以社会史会通政治、经济、文化、军事等众多侧面。十年间,先生在《历史研究》《近代史研究》《光明日报》《人民日报》《学术月刊》《文汇报》等众多报刊上发表了《中国近代史上的革命与改良》《论"中体西用"》《中国近代史上的爱国与卖国》《秘密会党与中国社会》《关于中国近代史线索的思考》等倾动史坛、蜚声学界的长篇论著,创造性地探寻时而骇浪滔天,时而峰回路转的中国近代社会新陈代谢的内在规律,整体地展示新旧嬗替、沤浪相逐的近代社会巨变的风貌和全部过程。和传统的学术观点不同,他的见解不仅富于开拓性,而且具有整体反思的深层意蕴和丰富的社会文化内涵。如果把他的论著通读,就可以发现其中的一串串的思辨组成了他对近代史研究的一条思想链,每一个深邃的思想,都是链上的一个环。

在社会结构方面,先生着力于近代社会整体风貌的变异与社会深层结构的变迁的探究。先生一向认为,研究社会结构,不但要研究阶级、阶层,而且要研究宗法制度、家庭演变、秘密结社、会馆公所,有宏观,也要有中观、微观研究。他认为只有这样,才能多层次、多角度地展示社会演化的客观进程,才能真正看出进入近代前后中国社会的危机,并透过历史人物和历史事件的表象去观察中国社会震荡的深度和广度。在对农民起义的研究中,先生论证了人口增长激化社会矛盾的内在联系,提出了"正比—反比—正比"的著名论断,即:人口激增同地主阶级的加紧剥削和农民失去土地成正比;生产力水平低,人口激增与农民的生活水平成反比;人口激增与农民起义的频繁及规模成正比。人口的适度增长有利于社会生产力的发展,但如果人口过分膨胀,超过了那个社会的负荷,有利因素也会变为不利因素,成为社会前进的阻力,起了延缓社会发展的作用。他从社会史、社会心理演变的角度研究会党,指出:进入近代前后的中国社会,存在着三种既相联系又相区别的社会结构形式,即以血缘为纽带的家族组织、以工商业为基础的行会组织和以游民阶层为主体的会党组织。他从中国封建社会后期的整体演变中,剖析了会党形成为特殊社会组织的原因,又通过三种社会组织的比较分析,论述了会党社会的组织结构和特点,从会党的秘密联络方式中概述了这一特殊社会组织的思想方式和文化行为的独特风貌,认为"不懂会党就不会懂得进入近代前后的中国社会,或者不能全面地懂得这个社会"。他曾有意识地指导研究生研究晚清上流社会,研究上海租界社会生活、人口变动,意在通过这些研究,对近代社会有个准确的把握。

在社会经济的研究中,先生认为一种新的生产力被引进之后,一定会表现出积极的活力,当它被纳入旧体制时,会以它特具的能量在旧体内"发酵",从而为突破旧体制的防线铺平了通路。这一"发酵说",是人们通常所说的"生产力与生产关系的矛盾中,生产力是最革命、最积极、最活跃的要素"这一马克思主义原理在历史研究中的深化。先生在有关近代中国资产阶级和资本主义的研究中,特别是在洋务运动的研究中,就是运用了这一"发酵说"去分析、评价历史事件和历史人物的。先生超越了"你说反动,我说进步"的认知系列,站在历史哲学的高度,向着历史的真实,把洋务运动放在变革中的社会背景下加以整体考察,认为"洋务运动是中国近代化的发轫",它给封建政体绽开了一个缺口,破坏了旧物,也保护了旧物,是近代社会新旧递嬗的一个历史环节。

在思想文化方面,先生倾注的心血最多,成果也格外引人注目。《论"中体西用"》《说"海派"》以及先生逝世后不久面世的《略论演化中的中国近代文化》《传统·启蒙·中国化》等,都是学界公认探索近代文化的力作。这些力作从中西文化冲突的角度来把握中国近代文化变迁的整体风貌,并揭示了近代社会变外来为内在的特殊文化机制。发表于1982年的《论"中体西用"》一文,系统地剖析了"中体西用"这一文化形塑模式的形成与近代士大夫对西学的认识过程,认为它不只是洋务派的张之洞一两个人的"乐道",而是19世纪后期一代人引进西学的宗旨,是近代中国特殊历史条件下的产物,是移花接木地把西方资本主义的"用",移到中国封建主义的"体"上来,是在中西文化两极相逢的矛盾中第一阶段的结合形式,是以以新卫旧的形式来推动中国社会的新陈代谢的。与以往论者把中体西用仅仅归结为洋务派的思想体系不同,先生认为"戊戌维新运动是在批判'中体西用'中前进的,但不少具体兴革又是以'中体西用'的词旨为号召的"。因为它虽在一些人中失去了时效,"在更多的人并没有失去时效",即使到了20世纪初年,资产阶级民主势力已经兴起,革命已在取代改良,"'中体西用'还没有咽气"。在生前没有公开发表的《中国近代学论略》的长文中,先生一扫前人、外人关于近代中国没有自己文化只有传统文化或舶来品的陈说,从地理学、文学、史学、哲学、艺术等各个方面,雄辩地说明了,中国有自己的近代学,这个近代学是中西文化结合、融会的产物。

近代中国文学作为近代文化中的重要门类,一向是近代史研究中的薄弱环节。先生以"新陈代谢"的旨趣论述了近代文学的发展历程,认为"旧风格含新意境是它的主要变征"。新意境是随同外部生态环境的变迁而来,受现实主义和理性主义的引导,以新词新义反映民主进步意识;而新意境的累积,不会只满足旧风格的容纳,势必牵动旧风格,于是而有梁启超的新文体、黄遵宪的创格诗、王国维的文艺理论和海派文化带来的艺术新风。这些都是"随着新意境的积累在风格上产生的微变"。先生认为"五四"新文化运动结束了近代文学的历程,"新文学代替旧文学的总趋势,在'五四'前夕的1917年、1918年已展示出,从此进入了鲁迅时代。近代的'文变',则是进入这个时代的引桥"。显然,先生是把文学放到大文化背景中加以考察,并以文学本身的体裁、风格及内在规律来展示近代文学的发展历程的。这就避免了单纯以文学写史所造成的历史时代感的失落和单纯从历史社会角度的写史文学所造成的文学自身流变模糊不清的两种缺陷,有利于人们在进行文化史研究时,把宏观与微观、线性与多维性、逻辑方法与历史方法相结合,以确立历史观与方法论的一致性。

在社会政治和政潮的研究中,先生提出了近代中国是在革命与改良的不断变革中曲折前进的著名观点。他在《中国近代史上的革命与改良》这篇著名论文中,科学地阐明了改良在历史上的积极作用;革命在什么历史条件下、在什么方面高于改良。它的理论意义在于不仅一般地、原则地肯定改良是趋于进步的一种手段,革命高于改良,而是具体地论证了革命与改良是一个扬弃和汲取的复杂过程,从而为近代中国政治史和政潮史的研究奠定了科学的基础,比较集中地体现了先生史学研究的思辨神采。

在这一长文中,许多具体论述都具开拓性,发前人之所未发,引起了近代史学界的注目和重视——

文章以无容置疑的历史事实为根据,以马克思主义经典作家的论说为指导,把改良与改良主义严格区分开来,肯定了近代史上改良的积极作用。提出了近代中国的改革发展模式,是从上层开始,依次推移,逐级发自中下层,形成为一个塔形,一个否定另一个,而且像浪圈一样一圈比一圈大地彼此联系着。文章就1895年同时登场的维新派和革命派的不同政治主张进行了理性的分析,认为它们都是想为衰落的中国寻找新的出路,值得大书特书;同时又指出这两股新的政治力量绝不是相等地开展活动,而是随着形势的发展各有其消长变化和分化组合。20世纪初的政治格局是两条道路(革命与改良)和三方(革命、改良、朝廷)的角逐。革命派成了时代的主角,而保皇的改良派作为新派人物的颜色并没有完全脱落,还有些号召力,特别是对那些从封建营垒中渐次苏醒过来而又害怕革命的人们。认为在辛亥革命时期张謇等人发展实业所作的努力,梁启超传播新知识的大量文章和严复介绍西学的许多译著,都独步一时,启迪了整个一代知识分子,帮助了知识分子的革命化。辛亥革命后,革命与改良对发展实业表现了较大的共性。改良,除了消极的一面外,仍有积极的一面,有时积极性还是较大的。先生最后指出:经过革命推翻了旧政权、建立起新政权后,采取改良步骤,恢复经济,变革旧制,以巩固新生的政权,为今后的发展打下基础,这样的改良绝不是历史的赘疣,而是革命的延续和补充。

以上这些论断,体现了当代史学研究中的一种新思维,无须多加分析就可看出其价值和意义。事实上,其中不少观点已经为学术界所认同、引用和发挥,成为近代史改革过程中新思考的起点。

显然,先生建构的中国近代史体系不是机械的经济决定论,更不是以阶级斗争为内核的"三次革命高潮"说,用他自己的话说,那就是:近代社会的新陈代谢。在他看来,近代社会的新陈代谢最本质的意义是推封建主义之陈,出资本主义之新,其趋向是资本主义世界体系,而又形成不了资本主义,是一种社会向另一种社会的大过渡,其核心是汲取与扬弃、变革与反变革反复推进的辩证过程。引进和汲取新的东西——这种新东西,不是传统文化自身的产物,而是西方传来的新的物质文明与精神文明,因此,他特别强调了近代中国向西方学习、面向世界的重要性,这是贯穿于他的研究、教学和讲学报告中的基本点之一;扬弃旧物,不是简单的排斥,这里面有继承、有批判,是事物的辩证发展而不是发展的中断与停顿,因此他又特别突出了旧的文化、旧的传统、旧的社会结构、旧的政治体制在孕育新事物过程中的地位,这是贯穿于他的研究中的又一个基本点。

先生在晚年写的《关于中国近代史线索的思考》中,把上述的思辨综合起来,加以系统化、体系化,主张以辛亥革命、1927年大革命和中国共产党领导的解放战争的胜利来贯穿近代110年的历史。这一体系被人们概括为"新的三次革命高潮"说。如果不了解先生对近代史体系、框架的构建而单纯地看这篇文章，人们可能认为它与传统的三次革命高潮说只有阶段划分的不同，没有本质的区别。其实不然，旧的三次革命高潮说的基本内核是阶级斗争，即在阶级斗争是历史发展的根本动力思想指导下，以三次革命高潮、十大历史事件为构架；而先生的近代史体系则是以近代社会新陈代谢为旨归的。先生在文章中表明："我以为研究近代中国社会的线索应分作三个层次来说明：第一，它始终处于大变革的过程，如危崖转石不达其地不止；第二，一个又一个变革的浪头表现为急剧的新陈代谢，螺旋地推进，螺旋特别多；第三，中国社会新陈代谢的本质是一步步有限地推向近代化，即推封建主义之陈，行民主主义（资本主义）之新。"很明显，这个体系是社会的新陈代谢（由封建而资本主义的辩证发展）而不单以社会的阶级斗争、也不单单以经济发展为其整体思辨的。它包含了阶级斗争，但又广于阶级斗争的内容；它体现了经济发展，但又包容了政治、思潮、社会、文化等方面的变嬗。概而言之，先生建构的这个近代史新体系是以近代社会各个领域的新陈代谢为旨趣，以民主主义（资本主义）化为内容，以辛亥革命、1927年国共合作的国民革命推倒北洋军阀政府、1949年中国共产党领导的解放战争推翻国民党统治这三次革命高潮为基本历史线索，以110年历史中能显示新陈代谢、推动近代化的7个关键性的年份为发展过程的环节，来研究和阐述近代中国半殖民地半封建社会这样一个特殊的、完整的、过渡性的社会历史形态。

这个近代史新体系和理论分析框架，酝酿于70年代末，构思于80年代初，而于80年代末形成严整周密的学说。它的出现无疑是对以阶级斗争为核心的"两个过程模式"以及由此衍生出来的"三次革命高潮"体系的突破或超越,它标志着我国近代史学研究已逐渐走出了"阶级斗争模式"的约定格式,不再把许多历史的内容摈于史学的视野之外。如果说,中国史学正经历着一场深刻的时代变革,那么,先生积多年苦思而建构的以新陈代谢命意的近代史体系,无疑是其中引人注目的部分之一。

九、在最后的日子里

先生在生命的旅途上,整整跋涉了 70 个春秋,经历了人世间的诸般磨难:有追求的困惑,也有创造的欢乐;有世间的扰攘炎凉,也有人生的适志恬愉⋯⋯他的一生未脱书生本色,他的事业尽在学术研究。他从不满足,总是不断地认识自己、超越自己。晚年在心境极端不顺的情况下,在各种无形有形的磨难、折腾和倾轧中,他以顽强的意志力和超前的思维率先冲破了过去时代所形成的史学规范、通则和体系,把近代史研究推到了令人瞩目的水平。尤其是近年,先生除了编书、撰文、讲课、指导研究生等繁重的工作外,更以急切的心情,殚精竭虑,奔走呼号,期望史学冲出重围。在各种重要的学术会议上,浓重的湘乡口音,凝聚着他的一片赤诚与苦心。1988 年下半年,他参加的学术会议比以往任何时候都多,演讲比任何时候都频繁,谈锋之机警、思想之深邃,达到了他一生的巅峰状态。

且看他最后半年的活动表——

6月,参加上海社会科学院召开的戊戌维新 90 周年学术讨论会;

7月,参加并主持"租界与近代中国社会"学术讨论会;

8月,出席中国史学会第四次代表大会(北京);参加"史学理论与史学危机"座谈会;

9月,参加上海市川沙县志稿审议会;

10月,参加"近代会党史讨论会"(上海);参加"李鸿章与中国近代经济"学术讨论会(合肥);参加"中国社会史讨论会"(南京);

11月,参加"中国近代军事史"讨论会(上海);参加"戊戌维新九十周年国际学术讨论会"(广东)。

从北京,到南京,从合肥,到广州,年已七旬的先生,不知老之已至,马不停蹄,连续作战。在这些会议上,先生分别就"戊戌与启蒙""租界与近代社会新陈代谢""史学的困惑""发挥史学家的良知""史与志""会党与近代中国社会""李鸿章与中国近代化""社会史的崛起""中国军事近代化"等专题作了精彩纷呈的演讲,其中大多均根据演讲录音或记录整理成文发表。同行都说:"旭麓先生的学问已达到炉火纯青的阶段。"

先生常说:"近几年,我想的比说的多,说的比做的多。"是的,他毕竟是年届古稀的老人,他付出的劳动远远超过了生命的界限。那么多他朝夕关怀的研究生需要指导,那么多慕名求教的信件需要处理,那么多来自各地的书稿需要审阅,那么多的学术会议需要参加,那么多成熟的构思还没有形成缜密的文字,规模宏大的《中国近代社会史丛书》的编纂工作刚刚铺开,卷帙浩繁的《中华民国史词典》正在定稿,国家教委委托主编的《中国近代史》教材刚刚酝酿成型,构思了十余载的《近代中国社会的新陈代谢》也还没有最后完成……他要做的事太多、太多了,生命之弦绷得太紧、太紧了!

1988年12月1日,先生上午参加中山学社理事会,商议举行学术讨论会与学社近期规划事宜,回来后未及休息,适遇一位研究生前来商讨学术问题。晚6时15分,突发心肌梗塞,几分钟后,这一颗智慧、正直的心脏停止了跳动。案头上,自己未完成的书稿,他人求阅的书稿,来自天南地北待复的信件,一堆一堆。

十、"述作传诸不朽"

先生去世的消息在《文汇报》和《解放日报》披露后,全国学术界特别是史学界为之震惊不已!先生的生前好友、学生、亲属,以及所有景仰先生道德文章的人,无论识与不识,都陷入了深切的悲痛之中。一个个唁电、一封封唁函、一幅幅挽联,从全国各地飞来,其中无不寄托着他们对先生发自内心的敬意、痛惜与哀悼。

在同月15日举行的遗体告别仪式,隆重而悲怆。龙华殡仪馆大厅内外环列着400多个花圈,正前方悬挂着先生的遗像,上端的黑色绒布上写着"沉痛悼念陈旭麓教授"。厅柱两侧高垂着巨幅挽联:"思辨精深著述宏富史坛痛失大匠,师道楷模长者风范学界同悼先生。"遗体周围摆着长青松柏和20多个鲜花花篮。大厅正门内外挂满了生前好友、弟子门生书写的数十幅挽联,其中由几十位弟子署名的挽幛特别引人注目。挽幛上"薪尽火传"四个大字,表达了学生们继承老师道德文章的真切愿望。在告别仪式中,来自社会各界的700多人为先生送行,许多人在先生遗体前泣不成声,甚至连以前从未听到过他名字的汽车司机们也都在这种悲痛的气氛下不能自持,痛哭失声。诚如唐振常先生在告别仪式上代表先生生前友好的讲话中所说,这是"学术界—人民群众对旭麓的尊重和哀思。这就是历史对旭麓的评价。这种评价是任何人也抹杀不了的"。

第二天,上海历史学会特地举行"陈旭麓先生学术思想研讨会",上海和外地百余名学者莅会。与会者踊跃发言,沉痛地缅怀了先生的道德文章,并就他在学术领域的不朽业绩进行了热烈的讨论。发言同志对先生论著中富于哲理的思辨精神给予很高评价,认为这种思辨精神是充满智慧的、具有中国特色的历史哲学,这种历史哲学不但是中国史学的宝贵财富,而且是世界史学中的瑰宝。

在随后的日子里,上海和外地十多家报刊发表了悼念先生的文章。这些文章连同悼念先生的挽联、唁电、唁函,在先生的生前好友、门生弟子的倡议、支持下,汇编成一本近20万字的《陈旭麓先生哀思录》,于先生去世一周年之际印制出来,分赠先生的友朋和学生。在此期间,台湾出版的《传记文学》"民国人物传"专栏还特意请人撰写了六七千字的《陈旭麓先生传略》,对先生的立身行事、著作文章给予高度评价。

先生是匆促辞世的,对于后事,来不及留下半句遗言。但是,先生生前曾说:"教书、写书、学生是我的支柱,离开了这些,我就不存在了。"他走了,最放心不下的事情之一就是他未完成的著作,他的许多朋友最关心的也是他的遗著的整理出版,毕竟像他这样健于思考的学者太少了!作为他的学生,我们有责任把它们整理出来,贡献给学术界。唯其如此,先生去世后不久,我们便成立了"陈旭麓先生遗著整理小组",并作了具体的分工:由杨国强和周武整理《近代中国社会的新陈代谢》,由熊月之、朱金元整理先生的学术文存和《浮想录》等。大家协力同心,黾勉以求,终于在不太长的时间里将先生的遗作整理完毕,并在出版社的大力支持下以最快的速度出版发行。

先生的论著建基于深厚的功底,而富深见卓识,发人之所未发,且文采焕然,语多金石,字见珠玑,向为学界推重。我们本着对先生负责的态度,以不违背先生原意为原则,在整理过程中,力求在文字上接近先生的一贯风格的同时,尽最大可能在立意和精神上贴近先生的学术旨趣。聊可告慰于先生的是,这些书出版后,均受到学术界的广泛好评和热烈赞扬,其中先生为之抱终天之憾的《近代中国社会的新陈代谢》于1992年7月出版后,以其能准确传达先生的学术底蕴而备受学界推崇,十数家报刊发表了该书的书评,一致认为这是一部"才气横溢、情文并茂的学术著作",一部"中国近代史的开拓之作",一部"力透近代社会风云的精湛之作"……先后获得第七届中国图书奖、华东六省一市优秀理论读物一等奖、第二届上海哲学社会科学著作一等奖等6项大奖。所有这些,既说明了该书的学术价值,也反映了先生在学术界的巨大影响。

从40年代初期开始,一直到去世为止,先生从未中断过思考与写作。在近半个世纪的文字生涯中,先生写下了一大批富有情致和理趣的时论散文和学术论著。作为一个站立起来思考的思想者,先生的许多文章和思想,早已融入中国当代文化之中,并成为其中最富个性和理性神采的组成部分之一。然而,他的这些论著,除30余篇曾收入先生自编的论文集《近代史思辨录》于1984年出版外,绝大部分均散见于各地报刊,一些手稿和讲课记录稿也还没有全部整理发表。虽然先生去世后,我们编辑出版了《陈旭麓学术文存》和《浮想录》,但还有不少篇章因篇幅或体例的限制未能收入。在华东师范大学出版社的支持下,我们又编成了四卷本的《陈旭麓文集》,除了他主编的60多种书籍外,他个人比较有代表性的文字基本上都收进去了。这部文集比较完备地记录了一个学者所走过的学术道路,也记录了在时代风雨洗礼下一个知识分子的智慧与良心。

"才识并世同钦,述作传诸不朽。"这是谭其骧教授写给先生的挽联,它代表了学术界对先生"才识"与"述作"的客观论定。陈旭麓先生的身影消失了,但他用心血、才识和良心凝结而成的文章和思想是不会磨灭的。

怀念父亲

陈 辛

一、"出湖"的心结和眷恋

父亲陈旭麓,1918年3月31日出生于湖南湘乡(今双峰县)一个名为白源湾的村落。他所居住的地方,屋后丘岭起伏错落,门前的小河蜿蜒流淌,一派生生不息静谧田园的风光。幼时他随姐姐去田间捉泥鳅拾稻穗,徜徉在青山绿水之间,这种恬静而充满亲情的生活养成了他对故乡十分浓厚的情意,使日后远行的他始终对这片土地情牵梦绕。寻着父亲成长的脚印,我曾专程探访了他儿时读私塾的原址,如今是锁石乡团结小学,学校的校史栏中还挂着他作为校友的简历。尽管爷爷供其读书的出发点是希望他日后从商,并由此光宗耀祖,可是他却并非如此想。因为父亲从小常听村里的老人说某某人"出湖"了,那也就是在说此人出息了。而"出湖"的本意就是越过洞庭湖,意味着胸怀大的境界,去见大的世面。随着年龄的增长,父亲从乡间的私塾先后来到长沙孔道国学专科学校以及当时在贵阳的大夏大学求学,"出湖"之说时时激励着他努力学习,孜孜以求。以后,他又受到进步思想的感召,筑下教育、科学救国的理念,并因此开启了他长达45年的教育生涯。

我们姊妹兄弟五个自小耳濡目染父亲的为人处事,也深受湘人生活习俗的影响。一口腊鱼腊肉、猪血丸子,总会勾起他对家乡的浓浓情思,而出生在上海的我们对这些也常常食之如饴。父亲是20世纪40年代后期来到上海的,尽管在此生活了40多年,浓重的湘音却始终未改。他给研究生上课竟然需要高年级的同学作翻译,由此出现了多种不同方言版本的传译,引为笑谈。

1981年的暑期,我与陈同相约从郑州和沪上出发会聚长沙,代父亲去看望"文革"初期因成分问题而遭返乡下的年迈奶奶,看望在"文字狱"年代里,因一句调侃的语言竟遭受八年牢狱之灾的姑父。那是我们兄弟第一次回乡认祖,父亲非常高兴。1985年秋天奶奶离世,正逢父亲教学科研繁忙无法分身,他深知我在江西临川插队摸爬滚打九年,熟悉农村习俗,特地把我叫到身边,嘱托代其回乡奔丧,并提醒湖南乡下的种种风俗习惯,言之切切,尽显孝子、慈父之心。

新中国成立后,频繁的政治运动使他无法毫无顾虑地踏上回乡之路。直至1980年末,父亲去湖南开会讲学,才顺道回乡一次。1982年,原上海市委宣传部部长车文仪回湘任职,力邀父亲就任湖南省社科院院长。为此,父亲踌躇再三,一边是故乡在召唤,另一边却是家庭的难以割舍。因为母亲去世后父亲未再婚娶,要是成行,我们子女一时又无法陪伴前往,再则看着我们姊妹兄弟多未成家,心动之余,他选择了留沪,打消了赴湘的念头。可是即便如此,父亲对故乡的眷恋之情仍溢于言表,他在《湖山情思》一文中就这样写道:"人对哺育了他的土地,到老不能忘怀。尽管年光流逝,趁腿脚尚健,一有机缘,当再渡洞庭,品茗君山;还想攀登祝融峰,以偿平生未了之愿;也很向往张家界的千岩万壑。我爱故乡的名山大川,更爱那里的土丘小流,土丘小流里有着丰富的生活,还有自己童年的足迹。"

父亲一生对家乡绵绵的眷恋之情也深深地浸染了我。多年来,我也尝试着在力所能及的范围之内,为家乡尽绵薄之力。我与在沪的双峰籍有为人士,成立了同乡会,建会至今十多年,我们坚守助学寒门子弟的宗旨,在沪双峰农家学生获资助的有数十人。我想如果父亲仍健在的话,他一定会为此感到由衷的高兴的。

二、 颠沛流离的三地教员

2011年清明前,春雨绵绵,春寒料峭。我从黔省城驱车一路高速40分钟便到了修文县。贵阳的表弟洋洋、合肥的表妹劲松陪着同往,去寻找父亲母亲在那里留下的足迹。据当地老人说,抗战时节,这条路没有一个晌午是到不了的。1943年3月,父亲刚满25岁,就出任了修文中学校长。68年之后,我也来到这所学校,时任校长,也是该校毕业生的袁曜热情接待了我们,他拿出了学校70周年校庆的纪念册,其中清晰记录了学校的往事与变迁。修文中学建在龙岗山上,立于此间,俯身望去,修文县城尽收眼底。蜚声中外的明代大儒王阳明创立的龙岗书院旧址就在此地,这为修文中学奠定了深厚的历史文化底蕴,父亲在这里一定能感受到这种持之久远的历史文化影响。更应该说明的是,修文还是父亲从事教育事业的起步之地,这对于他来说意义非比寻常。1982年秋,他重访这里,就留有"休忆年华伤逝水,眼前风物细评量"的诗句,抒发了久别后的感叹与感慨。

父亲在修文任教任职仅一学期,因闻报爷爷病重,便在暑期赶回湖南,遂即就教于家乡青树坪起陆中学(今双峰二中)四个学期。起陆之创建,是为了完成辛亥志士禹之谟兴学育才的遗愿。如今那儿人丁兴旺,二中也成了当地的骨干学校,小有声望。

1945年的初夏,父亲又来到了陪都——重庆,通过大学同学介绍进入赣江中学任教。父亲的性格耿直,他在此校亦不顺遂,特别是在渝接受了民主文化人士的进步思潮的感召,在那他也仅待了不到一个学年。赣江中学是抗战时大后方为江西籍子弟办的学校,当年的地址是: 巴县冷水场赣江街84号万寿宫。抗战结束不久,学校就已停办。寻找旧址,如果没有重庆同事的帮助,确是不知方向。当今大名鼎鼎的国宝级水稻专家袁隆平也曾是赣江中学的学生,我们循着他的线索,找到了昔日的"冷水场"(现已改称为"人和场"),而原有的万寿宫庙宇早已不复原来模样,只剩石门斑驳,残垣断壁。武汉大学的夏渌教授在父亲去世的唁函中曾提及,他与父亲曾在赣江中学共事。

经过寻访父亲在黔湘渝从教过的这些不同地方,我感触良多。尤其是想到父亲辗转三地,颠沛流离地糊口求生,一种沧桑感油然而生。遥想当年国难当头的岁月,父亲一定会在教书授业中去思索教育救国、教育为本的含义和路径吧!

三、留给儿女的印痕

人名只是个符号。汉族的几百姓氏中大姓又相对集中,因而单姓单名重叠的颇多,以致有几十万同姓同名的。陈姓,属人丁兴旺的姓氏,据匡算,位居第五,在全球华人中陈姓超过八千万人,我们便是其中的成员。从字面上看,我们的名字直白而易读,没有生僻字,但都有着明显的历史印迹或寓意。大姐林林是五人中仅有的双名,却是叠字。我曾问父亲:"大家都是单名,为何姐姐搞特殊化?"他笑着反问:"单木能成林吗?林林就能成森林。"后来我才知道,那一年国家号召植树造林。哥哥名"思",与当年强调知识分子思想改造有着直接关联。随后,单名开始延续。二姐曰"克",克敌制胜。她出生时,正逢抗美援朝凯旋,是名副其实的男孩名。我名中的"辛"字,则直接取自《辛亥革命》书名的第一个字,此书由父亲所写,于我出生的那年出版,是新中国建立后的第一部辛亥革命研究专著。弟弟称"同",源自"天下大同"这一传统中国对理想社会的表述。近人康南海有《大同书》对此加以新的阐释,这也是父亲治近代史所思考的重要问题。从取名的不同缘由来看,我们五个子女的名字多少都与父亲研究历史有着一定的联系。

　　1970年3月30日,父亲52岁生日的前一天,刚满15岁的我赴江西临川插队,此前思兄已奔皖东和县,克姐远走东北延边,我们三人不行同道,天南地北。为此,父亲特意写了一首《送辛儿赴江西插队》的词。尽管词中透露出那个年代的浓厚气息,但也表达出了一个为父者对子女成长的殷切期望,并体现出他深切的爱国情怀。如今再读,我会想起儿时每周父亲要求我们练毛笔字、写作文。作文题目同一,不分年纪大小,我想那是他读私塾因材施教的翻版,陈克总是获得第一名。我常敷衍交差,挨过父亲的骂。记得一件有趣的事,父亲烦蚊子咬,号召兄弟姐妹在屋里捉蚊,须验明正身,他有奖励。我悄悄地带着抹上肥皂的脸盆,到门前河边晃了几下,几十只蚊子立马成囊中之物。拿去验身,父亲哈哈大笑,家中那么多蚊子还不咬死人?遂取消我的参赛资格。现在想起儿时耍小聪明,仍忍俊不禁。父亲不是圣人,诗中抹不去时代的印痕,但是知识分子家国情怀的拳拳之心跃然诗外,存我心窝。

四、一个男人带着五个孩子

　　1970年4月19日,母亲陆鸿逵患宫颈癌离世,时年仅51岁。母亲是抗战时大夏大学的学生,也是父亲的学生。1947年她与父亲在重庆订婚。新中国成立后长期在沪上时代中学任史地教师。此前她还做过护士、法院的调解员。母亲非常能干,内外兼具,是上得厅堂下得厨房的那一代知识女性。我们姊妹兄弟的衣裳都是她亲手裁制的,她炒得一手黔湘川菜,至今想起还会勾起我的口涎,回味无穷。

后来我才知道,母亲熟悉病理常识,所患病症她本人早有觉察,只是不敢去医院医治,错过了早期手术的时机。因为那时父亲作为"反动学术权威"身陷长兴岛五七干校劳动,母亲怕被当作躲避运动的典型牵连父亲。半夜时分,母亲弥留之际,父亲是靠着一位好心的学生,踩着自行车驮着他,从长兴岛往家赶,一路走到天明……母亲撒手于家中,父亲总算在榻前诀别。

母亲离去,父亲很是悲伤。我当时刚去江西农村20天,接到电报,急忙往回赶,一进家门我抱着父亲痛哭,他也不停地流泪,那一刻在我的记忆中难以抹去。父亲为排遣心中的苦痛,饱含深情地写下了《悼鸿迷》三首七绝诗:

顽强从不计艰辛,竟使恶癌误此身。
撒手小楼成永诀,骨灰一盒作新坟。

梁燕离巢初学飞,归来重雾失喧闹。
声声只唤妈何在,化作啼鹃泪满衣。

海滨风雨久相依,垂老那堪失伴飞。
夜静悄听梯步响,犹疑抱卷迟迟归。

诗句中流露出他的多重真实情感,既有对母亲为人的由衷赞赏,以及诀别后对母亲的深深怀念,也有对自己的孩子痛失母爱的伤感与悲哀。在我们儿女的目光中,父母的感情至深,他们贵阳相识,他们重庆缔缘,他们沪上携手,一路走来,从未拌嘴红脸。想起儿时,我调皮捣蛋,常捅娄子,老师家访一走,父母一致到分别拿竹尺掸子,我就赶快爬到床下,免遭挨打。在贵阳,七姨陆鸿滨告诉我,当年外公看到父亲的求婚书时,大为赞赏,多次说有文采,并对其他的女儿说,你们未来别找四肢发达、头脑简单的对象,向姐姐看齐。

少年丧母的我，一生敬佩的就是父亲。他在身陷长兴岛干校劳动的逆境中，每月去邮局给我们三个身处农村的孩子寄钱，还不时地书信勉励我们。那时我看到抬头"辛儿"的来信，总是泪流满面。特别是母亲逝去后，父亲没有续弦，一直护着我们五个孩子都成家立业，同时把自己的学术思辨推向新的境界。期间近20个年头，想来两位姐姐悉心照料父亲功不可没。

有件事我一直揣在心底，如今思之总觉得有一种揪心的亏欠。母亲病逝后数年，关心父亲的同事和学生，为其说媒。对象是一位专修法国史的老师，彼时父亲拉扯五个孩子的艰辛烦恼可想而知，他的心被说动了。于是父亲非常民主地召开了家庭会，以征求孩子们的意见，我和同弟尚小没有参加。谁料想，父亲一张口，三个兄姐哭得一塌糊涂，家庭会在哭声中戛然而止。自此父亲再未重提这件事。按20世纪70年代的时风，那是件丢丑的事，兄姐的哭十分自然，而父亲就此将情感的天平完全倒向了儿女的亲情。但是今天想来，我们做子女的，由于当时年少不谙世事，还无法成熟地理解父亲的感情需求，也无法感同身受地知晓父亲独自兼顾工作与家庭的艰难。如今我们都步入老年，儿女都已长大成人，我们能深深地体会到父亲当时又当爹又当妈的不易，以及他给我们的那份恩重于山的父爱。

五、 动乱十年的追忆

"文革"初期，父亲尚在皖北定远，肩负着"四清"工作组党委副书记的职责，也许正是这份特殊的工作，才使他没有受到运动最初的冲击。回到华东师大，他仍是校党委委员、副教务长、研究生处处长，也是副校长的培养对象。记得一个深秋的晚上，时任校党委书记的姚力、副书记刘维寅都来到家中开会，二楼父亲的书房被挤得满满当当,老职工王志成在楼下门口守着。在当时的形势下,学校主要领导乘夜在家属区召集会议,只能是非常时期的一种避人耳目的应急选择。会议内容不得而知,但可以猜想到与当时学校的运动密切相关。

不久,一篇题为"华东师大的翦伯赞:常家王朝的干将陈旭麓(原名修禄)罪行录"的大字报张贴在师大校园里。这是一张足足用去了108张纸的大字报,几乎贴满了师大主路一侧的大字报栏,极为醒目,肆意攻击父亲,诋毁他的人格。作者是当时华东师大的红卫兵头目,深度纠缠于师大历史系的复杂人事关系中,他写的大字报明显地带有打击父亲的意图。对于这样的污蔑,父亲直接在这一大字报的留白之处提笔申辩,并坦诚地签上了自己的名字。但很快这些文字之后又增添了"打倒陈旭麓!"之类的口号。父亲的这一行为完全符合他耿直的秉性,然而在那个躁动而疯狂的年代里,此举所引来的后果却是可想而知的,一时间"打倒""砸烂"的怒吼扑面而来,而所遭受的皮肉之苦已无须详细描述……

自那以后,父亲便没有了安宁的日子,我们子女也牵涉其中。当时我们所住的师大一村紧邻华东师大校园,学校广播台的有线高音喇叭不仅遍布校园,也拉到了师大一村。"文革"之初,校内的红卫兵及造反派就是通过这一广播随时传唤"走资派""反动学术权威"及其他"坏分子"的。每当"勒令"之声出其不意地传来,被点到名字的人就必须随叫随到,或者按其旨意去做。如果有所违背,或者未能听到广播,就会遭受到极为严厉的训斥和惩罚。于是母亲特意提醒我们姊妹兄弟几个,在家附近玩耍时要特别注意学校的广播,凡听到广播中报到父亲的名字,立即告知家里。此后,我们每当听到有线喇叭中声嘶力竭的"勒令"之声总会精神高度紧张,唯恐因漏听了父亲的名字而带来祸患。慈祥而亲切的父亲就这样一下子成了"坏人",一时间让未谙世事的我们无所适从。这一时期还有一件事让年少的我难以忘却。那时师大经常放映电影,这是当年孩提时代娱乐生活中的重要内容。不过令人扫兴的是,在正式放映故事片之前,时常还会先播放一段校内新闻的幻灯片,以反映校内的革命形势。我正是在一次播放影前幻灯时,不期而遇地看到了父亲那熟悉的身影。但幻灯片里出现的父亲并非处于一个正常的状态,他低着头,弯曲着自己的身体,正接受着批判。他胸前挂着写有"反动学术权威陈旭麓"字样的牌子,他的名字还被红笔打了叉。这样令人不忍的画面一下子让我懵了,一时间不知所措,我至今已无法记得是如何看完那场电影的,但是当时的那种深深的苦痛至今还能感受到!正是父亲受冲击的缘故,我们作为其子女的还成了另类。我曾参加过华东师大与师大一村里委会合办的名为"可以教育好的子女"学习班,学习班的目的就是要这些"可以教育好的子女""揭发自己的父母,并与他们划清界限"。可笑的是对象不分年龄大小,高中生、初中生、小学生聚于一堂。要求表态发言时,小的看大的,大的又多默默无语,小的也就跟着效仿。当时我们这些"另类"的孩子鲜有跳出来骂父母的,学习班就在这样的缄默之中不了了之。

"文革"后期,父亲被调往复旦大学,主持编写《中国近代史丛书》。在此期间父亲被当时担任上海市委常委的朱永嘉点名去康平路182号的七楼办公,那里是当时上海市委写作组的外围机构,尽管不是写作组的核心,但与其有着密切联系。"文革"结束,由于这段经历,父亲的党员登记被暂缓。数十年后,朱永嘉的《关于一段故人和往事的回忆——兼记王守稼、谭其骧与陈旭麓》一文披露了当年的实际情况。朱在一次讲座上遇到我们的家人,曾直接表示过:"是我连累了陈先生。"他所说的"连累",有他文章中提到的个人恩怨的因素,同时也有言外之意,如果他当年不调父亲去康平路,父亲就不会牵扯其中,也不会有后来那些郁闷烦心之事。

在康平路的那段时间,父亲从未舒坦过,他曾尖锐地表达过去意,他的早期学生对此是清楚的。我们子女也能从父亲所发的无名之火中感觉到他郁结在内心的苦衷。直到党的十一届三中全会后,父亲总算迎来了学术的春天,此后十年是他史学研究的高峰期,一系列重要论文及史学新论都出自这一时期。

六、 高教三级的254元月薪

在小时候的记忆中,我家就应该是高收入家庭,父母亲月薪分别为254元和94元。那时的1元钱可以买好多吃的,请个在家吃住的全天候保姆,一个月5元钱酬劳足矣。我清晰地记得"三年自然灾害"期间,奶妈从皖北乡间来沪讨饭,瘦得皮包骨头,惨不忍睹,这使得当年小学一年级的我懵懵懂懂地开始晓得饥饿意味着什么。后来的知青生活,使自己对饥饿有了切身的体验。为了饱腹,时有偷摘农民蔬果的行为,常有舔完碗边猪油的狼狈。对于一个下乡时还只是15岁的孩子来说,要自食其力着实不易,而在此期间,最让人难忍的就是饥饿。

父亲254元的薪酬是我出生的1955年评定的,标准是高教三级。新中国成立初期,这份月收入很高了。自小我没有感受过城市平民的拮据生活,即便是天灾加人祸的三年,国家对高级知识分子也还有些专供食品,家里的生活并没有受到太大的影响。"文革"启始,那一代爱党爱国爱民的专家学者,大多以不同的方式自减工资。父亲则以多缴党费150元的名义,将月薪减为104元。纵然如此,我家三代八口也生计无虞。到了 1970 年,因母亲去世,加之早先奶奶遣返双峰原籍,更有我与思兄、克姐纷走三地农村,自此全家的开销都落在了父亲的百元收入上。除此之外,父亲既要接济因姑父入狱而失去经济来源的姑妈一家子,还不时地拿出一些钱来帮助贫困的学生和年轻教师。后来,父亲曾对我语重心长地说:"那个年代借出的钱大多是无法收回的,他们都有苦衷啊!"

到了 20 世纪 80 年代,我们五个子女先后都有了固定的工作与收入,甚至我的工资已大大超过了父亲从教 30 余年一成不变的 254 元,他也从无怨言牢骚。一个皓月当空的中秋夜,父亲约来了他的十多位研究生家中聚会,当聊到"体脑倒挂"的话题时,学生们满腹怨气,似乎学术之路要走不下去了。父亲陡然严肃而动容地说:"别人随便干什么每月挣 500 元,我做学问挣 50 元,只要我这 50 元对社会的贡献超过他的 500 元,我就继续搞学问。"他的这番话语使弟子们无语静场了许久……80 年代中期,一次父亲在广州参加学术会议,分会场设在香港。有人提醒他去港赴会需要穿西装,为了符合礼仪,他竟然去地摊拿了件廉价的衣服凑数,却给我们子女购买了上好的布料。

父亲一生清贫节俭,选择授业解惑就恪尽操守,追寻思辨就耐住寂寞潜心学术,传统知识分子的情操和情怀在他身上得到彰显。尽管我们晚辈达不到父亲那样的境界,但从他身上传递出的人格魅力却在无形中感染、影响着我们。

七、舐犊情深

2010 年 10 月 7 日,上海世博会期间,远道而来的姨妈、姨父从贵阳来沪观博,我们姊妹兄弟热情地接待了长辈。六姨妈陆晓玫,这时已 81 岁,"文革"中她曾带着儿子来家里住过,那时母亲已经离世,我们还一起打地铺。姨妈的到来让我们感到十分高兴,在叙说亲情之余,见其精神矍铄、思维清晰,又勾起我询问母亲家世的念头,这已埋藏在我内心很久了。父母在世时对此讳莫如深,从不向我们提及外公的任何事,连他的名字我们也不知晓,只隐约知道母亲在填写个人简历时,"出身"这一栏,填的是"军阀"。我们一直不敢去问父母这一不愿启齿的话题。一次请姨父姨妈在饭店晚餐,我就迫不及待地问姨妈:外公是谁?叫什么?长啥样?闻言姨妈大吃一惊,你们父母连这都没说?一餐饭引出了一段沉重波折的家世,且与现代史上的一些重要历史人物多有关联,往事并非如烟……

外公陆荫楫(1889—1951),别号西川,贵州省盘县人,保定军校一期生,曾任国军中将。外公与谷正伦是连襟,与白崇禧是同学,张道藩称其姑爹。这些社会关系正是父母在那段政治敏感时期最为忌讳的。席间听姨妈说,姨父时有补充,我们姊妹兄弟都为之愕然,我反应过来后及时做了记录。在晚餐几乎未吃之时,突然冒出来一个活生生的亲人,心灵如同直面风驰电掣般的列车撞击。赶回家,迫不及待地上网搜寻,这才得知,外公是一名建有功勋的抗战将领。1946年5月,他被国民政府授予抗战胜利勋章,在授勋的98人中,贵州籍的仅两人,即外公和何应钦,还有当年的八路军将领朱德、彭德怀、叶剑英三人。阅后感慨万千,夜不能寐……

自那一日起,我便迫切地想了解外公的抗战事迹,于是踏上了寻找外公足迹的路途。在重庆档案馆我初次看到了外公的影像,取自陆军大学第一期将官班同学录,扉页是校长蒋中正的题字:"发挥军人最高的精神,完成抗战建国最大的使命。"首页的学员相片恰是外公,他的戎装标准照映入眼帘,瞬间感觉与想象完全吻合:军人的寸头,坚毅的脸庞,咄咄逼人的铁血男人的眼神。在安徽潜山县野寨中学旁的176师抗日阵亡将士陵墓内,外公为缅怀985位抗战将士的英灵而书写的碑刻"一坏[1]千古"还保存着,他当时正任职第二十一集团军参谋长。我凝视着这几个苍劲而略带魏碑古风的大字,体味着外公那时悲愤的情绪,仿佛看到他当年率领将士们在战场上与日寇厮杀的情形。正是在这场攸关民族存亡的战争中,外公直接参与了抵抗日军的桂南会战、昆仑关会战以及大别山地区的一系列战役。2015年抗战胜利70周年,中央决定,向抗战老战士、老同志以及包括参加过抗战的国民党军队将士及其遗属颁发"中国人民抗日战争胜利70周年纪念章"。外公也获得了这样一枚纪念章,当时由阿姨代为领取,这是对外公抗战经历的充分肯定。

　　外公的身世对我来说犹如从天而降,我的一些年轻的好友和同事对此竟然是如出一辙的疑问:怎么可能发生这样的事情?外公可是近亲,究竟是父母守口如瓶,还是晚辈的不孝?其实凡是经历过那一时期的人,对此都不会感到意外。母亲离世于1970年,当时林林姐才20,我过15,同弟仅13。时逢那段特殊的年代,母亲有胆告诉我们外公的真相吗?研究历史且经历了风风雨雨的父亲,显然有许多话想对子女说,但他走得太突然,没有任何预兆,来不及说。我想起了思兄在和县插队,他是我们兄弟姐妹中最早提出入党申请的,当时村干部为此事请示公社,得到的答复是家庭关系复杂,不予作为发展对象。那时我尚小,对此还没有感觉。今天,我们能深深感悟到,当年父母在此事上对我们子女一直守口如瓶,其实是在保护我们。我能触摸到揣在他们心中的那份用心良苦的怜爱……那是属马的爸和属羊的妈出自本能的舐犊深情。

────────

[1] 坏,音pēi,其原意之一为土丘,这里意为坟墓,即指抗日的英烈们。

八、永远的受重

　　1988年12月1日,适逢农历冬至前,父亲上午开会,中午未歇,下午又兴致勃勃与学生聊近期学术会议的思潮,傍晚破天荒地徒步三公里去托儿所接尚不足两岁的孙子。奇怪的是,那天我也破例地早回家,父亲高兴地让我陪他喝酒。菜已摆上桌,酒刚斟满,他突然站起身来拉着我的手,欲言难启,旋即痛苦地倒下。陈克反应极快,不顾身怀六甲冲出门去叫医生,校医赶来不久救护车也到了。父亲随即被送到医院实施抢救,但为时已晚,医生也无力回天,父亲就这样因心肌梗塞永远地离开了我们。这一病症突然袭来,着实让我们猝不及防,因为每年华东医院的例行体检从未提示过父亲有这方面的病兆,我们姊妹兄弟为此陷入深深的自责。最为遗憾的是,父亲生前对我们关怀备至,而他的突然病逝却没能让我们有更多的时间去尽孝心。

　　1989年5月,父亲安寝在钱塘江畔玉皇山脚下的南山公墓。每年的冬至、清明,我们姊妹兄弟都会去父亲的墓地祭拜,点着烟,洒上酒,虔叩首,仰苍穹。20多年的岁月流淌,冥冥之中父亲似乎一直在注视着我们,保佑着我们。1992年父亲的祭日,我们同父亲的学生们一起带上刚问世的《近代中国社会的新陈代谢》前去杭州。在父亲的墓前,我们将父亲的这本书点燃,徐徐升起的青烟寄托着我们对他的思念之情,同时也在告慰父亲,他的呕心之作终于出版了!

　　在我眼里,生活中的父亲是真正的男人,一个性格突显、堂堂正正、挥洒自如、独立思考的男子汉,有责任、敢担当、顾亲情、兼柔情。常言云:施比受重。作为儿女,父亲给予我们的呵护关爱常怀心田,而无形中精神上接受转换至传承更重。

陈旭麓文集(精装五卷)

陈旭麓 著

上海教育出版社

出版时间:2018年11月

定价:680.00元

装帧:精装

开本:32开

字数:1925千字

页数:2660页

ISBN:978-7-5444-8819-8

《陈旭麓文集》系著名历史学家陈旭麓先生一生文字生涯的结晶,除了收录先生在1949年以后有代表性的学术论著,还汇编了先生早年(1949年以前)的作品,比如学士论文《司马迁的历史观》、25岁之年任贵州修文中学校长时所写的《论当前县立中学的几个问题》、1942年编辑出版的《初中本国史》,等等,许多作品为1949年以后首次出版。我们在尊重作者原意、保留作品原貌的基础上,对文集稿件进行了精心编校,力求呈现一套精良的学者文集。

第一卷　时评与史论

主要为陈旭麓先生早年著作,收入1949年以前所写的文字,包括时论及其他文章,也包括先生于1942年编辑出版的《初中本国史》,还有20世纪50年代至60年代前期有关史学理论与方法的论文。本卷有一半内容为1949年以后首次出版。

第二卷　近代史两种

收入陈旭麓先生的两部专著,《辛亥革命》和《近代中国社会的新陈代谢》。后者尤负盛名,是陈旭麓先生最著名的代表作。

第三卷　近代史思辨录(上)

收入陈旭麓先生在1949年以后所写的中国近代史学术论文,分为"历史总论""学术专题"等专题。

第四卷　近代史思辨录(下)

收入陈旭麓先生所作的近代史人物研究以及序评、散文,分为"人物研究""序言·书评"等专题。

第五卷　浮想偶存

收入陈旭麓先生的代表作之一《浮想录》,及诗词、书信,并附录《陈旭麓先生著述系年》《陈旭麓先生主编书目》和《陈旭麓先生传略》《怀念父亲》。

图书在版编目(CIP)数据

浮想录 / 陈旭麓著. —上海：上海教育出版社，
2019.7
ISBN 978-7-5444-9162-4

Ⅰ.①浮… Ⅱ.①陈… Ⅲ.①史学－随笔－文集
Ⅳ.①K0-53

中国版本图书馆CIP数据核字(2019)第090471号

责任编辑　林凡凡
装帧设计　周清华

浮想录 FUXIANGLU
陈旭麓　著

出版发行	上海教育出版社有限公司
官　　网	www.seph.com.cn
地　　址	上海永福路123号
邮　　编	200031
印　　刷	上海盛通时代印刷有限公司
开　　本	890×1240　1/32　印张6.5
插　　页	4
字　　数	150千字
版　　次	2019年7月第1版
印　　次	2019年7月第1次印刷
书　　号	ISBN 978-7-5444-9162-4/K·0063
定　　价	45.00元

如发现质量问题，读者可向本社调换　　电话：021-64377165